走进"一带一路"丛书

浙江省社科联社科普及课题（22KPWT06ZD-18Z）

中亚明珠
吉尔吉斯斯坦

孙名蕊
杨　波　编著

浙江工商大学出版社
ZHEJIANG GONGSHANG UNIVERSITY PRESS

·杭州·

图书在版编目(CIP)数据

中亚明珠：吉尔吉斯斯坦 / 孙名蕊，杨波编著.
—杭州：浙江工商大学出版社，2023.9
（走进"一带一路"丛书）
ISBN 978-7-5178-4795-3

Ⅰ. ①中… Ⅱ. ①孙… ②杨… Ⅲ. ①吉尔吉斯—概
况 Ⅳ. ①K936.4

中国版本图书馆 CIP 数据核字（2022）第 016984 号

中亚明珠——吉尔吉斯斯坦
ZHONGYA MINGZHU——JIERJISISITAN

孙名蕊　杨　波　编著

出 品 人	郑英龙
策划编辑	王黎明
责任编辑	姚　媛
封面设计	朱嘉怡
责任校对	何小玲
责任印制	包建辉
出版发行	浙江工商大学出版社
	（杭州市教工路 198 号　邮政编码 310012）
	（E-mail：zjgsupress@163.com）
	（网址：http://www.zjgsupress.com）
	电话：0571-88904980，88831806（传真）
排　　版	杭州朝曦图文设计有限公司
印　　刷	杭州高腾印务有限公司
开　　本	880 mm×1230 mm　1/32
印　　张	5.5
字　　数	128 千
版 印 次	2023 年 9 月第 1 版　2023 年 9 月第 1 次印刷
书　　号	ISBN 978-7-5178-4795-3
定　　价	59.80 元

走进"一带一路"丛书顾问委员会

丁喜刚　新华社前驻达喀尔分社首席记者

王　波　新华社前驻伊拉克共和国、科威特国、沙特阿拉伯
　　　　王国和巴林王国分社首席记者

刘咏秋　新华社驻罗马分社记者,前驻希腊共和国、斯里兰
　　　　卡民主社会主义共和国分社记者

陈德昌　新华社前驻希腊共和国分社、塞浦路斯共和国分社
　　　　首席记者

明大军　新华社前驻曼谷分社、驻耶路撒冷分社首席记者

章建华　新华社驻堪培拉分社首席记者,前驻喀布尔、河内
　　　　和万象分社首席记者

特别顾问

马晓霖　浙江外国语学院教授,环地中海研究院院长

走进"一带一路"丛书编委会

‖ 目　录 ‖

开篇

　　拥有"中亚明珠""中亚山国""中亚小瑞士""中亚煤斗"等美誉的吉尔吉斯共和国（吉尔吉斯语：Кыргызская Республика，英语：Kyrgyz Republic），是一个位于中亚东北部的内陆国。吉尔吉斯共和国简称"吉尔吉斯斯坦"，首都为比什凯克（曾称"伏龙芝"）。比什凯克市是重要的交通枢纽，与我国湖北省武汉市互为友好城市。比什凯克通往奥什的重要路段以我国已故领导人邓小平之名命名，称"邓小平大街"。

　　吉尔吉斯斯坦位于欧亚大陆的腹心地带，不仅是连接欧亚大陆和中东的要冲，还是东进西出、南下北上的必经之地。吉尔吉斯斯坦面积为 19.99 万平方千米。吉尔吉斯斯坦的农产品加工业是工业化经济的重要组成部分，有丰富的矿藏，人均水资源位居全球前列。

　　吉尔吉斯斯坦具有悠久的历史。早在公元前 40 万年至公元前 10 万年的旧石器时代，大致在现在的吉尔吉斯斯坦境内就有人类活动。公元前 3 世纪已有关于吉尔吉斯人祖先的文字记载。7 世纪，原居住在我国新疆伊犁河流域的塞种人（简称"塞人"）北迁至中亚地区，之后中亚塞人组成部落联盟，进入阶级社会。Qirghiz 一词在中国一般被译为"柯尔克孜"，在俄罗斯则被译为 Киргиз 或 Кыргиз，即"吉尔吉斯"，吉尔吉斯在突厥语中意为"草原上的游牧民"，这个名称既是吉尔吉斯族对本民族的自称，也是其他民族对吉尔吉斯族的称呼。历史上，今吉尔吉斯共和国所在地区曾建立过不同政权,如黠戛斯汗国、叶尔羌汗国、浩罕汗国、俄国费尔干纳省、吉尔吉斯苏维埃社会主义共和国及如今的吉尔吉斯共和国等。

吉尔吉斯斯坦位于亚洲中部的天山与阿拉套山之间,是一个多山的国家,山地面积占国土面积的 90% 左右。自古以来就有来自不同文明区域的民族群体在这里共同生活。吉尔吉斯斯坦民族众多,如今已有 80 多个民族,人数最多的民族是吉尔吉斯族,其人口占全国人口的 7 成以上。除此之外,在吉尔吉斯斯坦还生活着乌兹别克族、俄罗斯族①、东干族、维吾尔族、塔吉克族、土耳其族、哈萨克族、鞑靼族和乌克兰族等民族。生活在吉尔吉斯斯坦的各个民族在人口、语言、宗教、习俗等方面各不相同。吉尔吉斯族的饮食相对单调,以肉类、奶制品和面包为主;乌兹别克族和维吾尔族的食物营养相对丰富,主要的食物有抓饭、烤肉串、面条、炖肉、奶油鸡蛋面包;吉尔吉斯斯坦南部的居民受到邻近国家的影响,在烹制菜品时习惯放入作料调味。生活在吉尔吉斯斯坦的民族大多有游牧生活的历史,"逐水草而居"的游牧文化是吉尔吉斯斯坦社会文明的主体特征。

中吉两国是山水相连的邻邦,有着约 1100 千米的共同边界,吉尔吉斯斯坦与中国同为世界贸易组织、国际货币基金组织、上海合作组织(英语:Shanghai Cooperation Organization;俄语:Шанхайская организация сотрудничества;简称上合组织)等组织成员,这为两国经贸合作搭建了重要的平台。随着中国与吉尔吉斯斯坦政治关系的发展,中吉两国的边境地区越发和平稳定,两国经济往来也越来越密切。吉尔吉斯斯坦制造业相对落后,农业是其支柱产业,其国内民众所需各类用品皆

① 当民族名与国家名相同时,添加"族"字以示区分。下同。

从国外进口。目前,中国与吉尔吉斯斯坦合作范围广泛,涉及贸易、工程承包、通信服务、矿产资源勘探和开发、农业种植、养殖、食品和农产品加工、金属冶炼、建材生产、轻工业、运输、房地产开发、餐饮、旅游、娱乐等多个领域和行业。

现阶段,中吉关系处于历史最好水平,已经成为相互尊重、友好合作、互利共赢国家关系的典范。吉尔吉斯斯坦是古"丝绸之路"穿越的地方,楚河畔的托克马克是中国唐代伟大诗人李白的出生地。本书通过对吉尔吉斯斯坦历史、现状及中吉关系三个方面的介绍,旨在加深读者对吉尔吉斯斯坦及中吉关系的认识与理解,加强中吉两国间的合作,为中国文化"走出去"贡献历史记忆和故事。

上篇

历史变迁

首个国家——黠戛斯汗国

公元前 3 世纪就有关于吉尔吉斯人的文字记载,在《史记》和《汉书》里,吉尔吉斯族人被称为"鬲昆""坚昆"。《汉书·匈奴传·下》记载,坚昆分布在丁零以西、乌孙以东、乌揭以北,"东去单于庭七千里,南去车师五千里"。此后,这个名称屡有变化,"坚昆""结骨""纥骨""契骨""护骨""居勿""纥扢斯""黠戛斯""黠戛司""纥里迄斯""吉利吉思"或"乞儿吉斯"等,都是 Qirghiz 的不同译写。一般认为,"布鲁特"一词原系准噶尔的蒙古族人对吉尔吉斯族人的称呼,意为"高山居民",后一直被清代的不同民族沿用。在清代的文献中,常以天山为界,将天山以北的布鲁特人称为"东布鲁特",天山以南的则称为"西布鲁特"。吉尔吉斯族著名史诗《玛纳斯》中,有时也采用"布鲁特"的称呼。1935 年,新疆省政府正式确定将这个民族的名称译为"柯尔克孜"。

据《史记》《汉书》,秦汉之际,蒙古草原上匈奴的势力日益强盛,他们对外征服了许多民族,而在当时被匈奴征服的诸民族中就有坚昆。根据中外学者的考察,比较相同的看法是,当时坚昆的活动地区大致相当于今叶尼塞河上游地区。坚昆在公元前 3 世纪末被匈奴单于征服。汉武帝时,对匈奴进行大规模反击,这对坚昆地区也产生了一定影响。公元前 72 年,汉朝与乌孙联合进攻匈奴,丁令、乌桓也在东西夹击匈奴,匈奴大败,并逐渐开始向中亚地区西迁,坚昆大约在此时也摆脱了匈奴的统治。

北魏至隋代,吉尔吉斯族又被称为"纥骨氏""契骨"。《周书》《北史》等记载,契骨住在阿辅水与剑水一带,阿辅水即叶尼塞河支流阿巴坎河,剑水即叶尼塞河上游。6 世纪中叶,突厥势力兴起,北并契骨,叶尼塞河流域的契骨人被纳入突厥汗国的统治之下。

公元前 4 世纪至公元前 3 世纪,古代吉尔吉斯人生活在蒙古高原西北部,曾是强大的游牧民族。公元前 2 世纪至公元前 1 世纪,蒙古境内的一些吉尔吉斯族人部落摆脱匈奴统治,逐步向叶尼塞河和贝加尔湖地区迁移。

波斯地理学家葛尔迪齐指出,吉尔吉斯族人赤发、皙面、绿眼、身材高大,与印欧人较接近。后来,部分部落迁徙至今西伯利亚南部,并于 6—8 世纪在叶尼塞河沿岸定居,成为突厥汗国的一分子。中国西汉汉武帝时起,古代吉尔吉斯的大部分首次被纳入中国版图。公元前 59 年,因匈奴内争,其主管西域的日逐王先贤掸率万余众降汉,汉使护鄯善以西使者郑吉迎之,匈奴在西域的统治力量随之瓦解。西域正式被纳入西汉王朝的版图,直到西晋时期突厥人占领该地区。

552 年前后,中亚地区建立了第一个国家——突厥汗国。吉尔吉斯人后来在 840 年攻灭回鹘①,建立汗国。他们有自己的可汗,名为阿热(牙帐在阿巴坎河西)。阿热以下有丞相 7 人,都督 3 人,职史 10 人,长史 15 人,以及将军、达干(答剌罕)若干人。在蒙古帝国崛起之前,他们一直扩张,版图直达今日的俄罗斯图瓦共和国。突厥汗国崩溃后,吉尔吉斯人退回叶尼

① 回鹘同回纥,788 年回纥可汗请唐改回纥为回鹘,取"回旋轻捷如鹘"之义。

塞河流域。一度被辽和西辽降服,后来和其他"林木中百姓"被蒙古降服,归属中央汗国,划为 9 个千户,在 1270 年置断事官。西方史料中最早提到吉尔吉斯人是在 569 年,查士丁尼的一个使者得到一个吉尔吉斯女奴。

吉尔吉斯斯坦在唐代被称为黠戛斯。630 年,东突厥汗国灭亡,铁勒诸部之一的薛延陀部在原东突厥汗国之北建立了薛延陀汗国,黠戛斯成为其属部之一。薛延陀曾"以颉利发一人监国"(《新唐书・黠戛斯传》)。646 年,薛延陀汗国灭亡,漠北诸部纷纷归附唐朝。唐朝在黠戛斯地区设立坚昆都督府,隶属于燕然都护府,以黠戛斯新首领失钵屈阿栈为左屯卫大将军,兼坚昆都督,从此,黠戛斯地区正式纳入唐朝版图。黠戛斯人与唐朝保持着密切的联系,多次派使者入唐。744 年,回纥人以鄂尔浑河为中心建立了回纥汗国,并很快发动了对黠戛斯人的进攻。8 世纪末 9 世纪初,回鹘汗国在对黠戛斯人的一次大规模进攻之中,大败黠戛斯,杀其可汗,夺得大量牲畜,黠戛斯地区遂被回鹘汗国征服。840 年,黠戛斯人联合回鹘汗国内部分裂势力,摧毁了回鹘汗国,回鹘部众四散逃亡。黠戛斯人及其建立的汗国开始有了极大的发展,840—924 年是黠戛斯汗国的鼎盛时期,人口逾百万,并开始逐步向中亚迁移。《新唐书・黠戛斯传》记载,黠戛斯汗国的疆域范围"东至骨利干(贝加尔湖附近),南邻吐蕃(当时其势力已扩张至天山一带),西南接葛逻禄(当时分布在楚河、塔拉斯河至新疆阿克苏一带),拥众数十万,胜兵八万"。正如学者所指出的那样,黠戛斯人从 9 世纪 40 年代起已然称霸漠北了。此后,黠戛斯屡遣使于唐,唐朝也认真对待黠戛斯人。847 年,唐宣宗派使臣李业出使黠戛斯,封其可汗为"英武诚明可汗"。

6 世纪,古代吉尔吉斯人在叶尼塞河流域建立了自己历史上第一个国家——黠戛斯汗国。黠戛斯汗国与我国唐朝为友好邦邻,突厥是两国共同的敌人,黠戛斯汗国曾帮助唐朝平定叛军、打击突厥。657 年,唐高宗派大军分南北两道进攻西突厥,一举灭掉了西突厥,西突厥领土全部为唐所有。661—663 年,唐军将辖区扩大至今阿尔泰山西至咸海及葱岭的东西各部,直至阿姆河两岸的诸城邦国包括今吉尔吉斯斯坦大部分。黠戛斯人的祖先坚昆部落本生活在叶尼塞河流域、贝加尔湖一带,匈奴崛起后,坚昆部落被其吞并,部落人民沦为替匈奴牧马的奴仆。黠戛斯强大后成为唐朝在西域最可靠的藩属,首领自称飞将军李广之孙李陵后人。北宋欧阳修、宋祁编著的《新唐书》记载,黠戛斯汗国最高统治者被称为"阿热",叶尼塞黠戛斯古突厥文碑铭称其君主为"可汗"或"汗"。黠戛斯汗国称雄草原的时间并不长。10 世纪初,契丹势力逐渐兴起,首领耶律阿保机统一了契丹各部,建立了契丹国。907 年,契丹人取代了黠戛斯人在蒙古高原的统治,成为草原的新统治者。在《辽史》的记载中,契丹人称黠戛斯为"辖戛斯"。931 年,黠戛斯派使者至契丹,从而成为契丹的属国,契丹在黠戛斯地区设立黠戛斯国王府以统辖该地。

931 年,黠戛斯完全成为契丹的属国。13 世纪初,蒙古人进入中亚地区,以成吉思汗为首领的蒙古族迅速崛起,他两次派兵征服吉尔吉斯诸部。至此,黠戛斯汗国灭亡。接下来的 200 年中,这片土地处于钦察汗国、察合台汗国、卫拉特及准噶尔汗国的统治下。元朝时,吉尔吉斯人已懂农业,在叶尼塞河上游为元军屯垦。14—15 世纪,吉尔吉斯残部逐渐迁移到今吉尔吉斯斯坦境内,但是大多数人仍居住在米努辛斯克盆地(今俄罗斯境内)。15 世纪以后,黠戛斯人被准噶尔人驱逐出七河流域(巴尔喀什湖以东、伊犁河等 7 条河流流域),迁到今中亚费尔干纳一带。18 世纪中叶,清朝平定准噶尔,部分黠戛斯人返回七河流域定居。黠戛斯人是今天吉尔吉斯人的先祖。

10 世纪下半叶的佚名作者用波斯文写成的《世界境域志》第十四章记载了吉尔吉斯人的一些情况。从它的记载看来,吉尔吉斯人仍主要分布在叶尼塞河上游。B. B. 拉德洛夫认为,吉尔吉斯人迁徙至天山地区之时,正是 10 世纪叶尼塞河流域吉尔吉斯人发展的鼎盛时期。考古学家 A. H. 别林施塔姆根据考古资料得出结论:"10 世纪前夕,吉尔吉斯人已经出现在天山地区。"这些材料证实了吉尔吉斯人的天山分支在 10 世纪以前便已形成。B. B. 拉德洛夫等人的观点得到许多人的赞同。B. B. 巴托尔德在进行了深入研究之后也认为,10 世纪以前在天山地区出现吉尔吉斯人的可能性是存在的,大批吉尔吉斯人迁往七河地区还是较晚的事。

10 世纪之前,在汉文史籍中已有关于坚昆人到过中亚地区的记载。如《隋书·铁勒传》记载:"伊吾以西,焉耆以北,傍白山(天山)则有契弊……纥骨……"这也说明这一时期天山地区有纥骨人活动。840 年,漠北回鹘汗国被黠戛斯人击败,842 年黠戛斯使者踏布合祖使唐时说:"黠戛斯已占据回鹘地区兼以得安西、北庭、达怛等五部落。"一些学者据此认为,黠戛斯在深入漠北回鹘汗国之后,即挥师西去,并最终控制了北庭和安西地区。上述文献的记载表明,在 10 世纪以前,已经有一些吉尔吉斯部落在中亚天山一带活动,尽管他们的人数较少,有关他们活动情况的文献史料也很缺乏,但这毕竟反映出了叶尼塞吉尔吉斯人第一次向中亚天山地区的迁徙。

1206 年,蒙古汗国建立,称雄于漠北。《元史西北地附录》中较详细地记载了这一时期吉尔吉斯人的分布情况,他们主要活动在叶尼塞河上游地区。1206 年,成吉思汗将额尔齐斯河一带的"林木中百姓"封给了豁儿赤。1260—1264 年,在元世祖忽必烈与阿里不哥之争中,忽必烈最终战胜阿里不哥,势力也进入谦谦州。

元朝灭亡后,瓦剌人的势力迅速强盛起来,其势力扩张至蒙古草原阿勒泰山以南地区。1439 年,瓦剌部首领也先即位后,对吉尔吉斯人发动了一次大规模进攻,使吉尔吉斯人遭受沉重打击。也先统治时期(1439—1454),一部分吉尔吉斯人被迫从叶尼塞河上游逐渐向西南迁移,分布于楚河、塔拉斯河流域。К. И. 彼得罗夫认为,史诗《玛纳斯》中"伟大的进军"就是描写吉尔吉斯人被也先从阿尔泰山驱赶到楚河、塔拉斯河流域的情景。B. B. 巴托尔德认为,1420—1470 年间,瓦剌人曾对蒙兀儿斯坦发动过进攻,很可能一部分吉尔吉斯部落参加了瓦剌人的远征军,在瓦剌人退出蒙兀儿斯坦后,他们就留在了西部天山地区。16 世纪起,史籍中对中亚天山地区的吉尔吉斯人已有了明确记载,米尔咱·海答儿在其《拉失德史》中记载,1503—1504 年间,蒙兀儿斯坦的阿黑麻汗死去,他的一个儿子哈利勒速檀逃到了天山吉尔吉斯人处,并做了吉尔吉斯人的首领。据 B. B. 巴托尔德的研究,天山地区的吉尔吉斯人正式登上历史舞台,这还是第一次。此后,有关中亚天山地区吉尔吉斯人活动的记载日趋丰富,天山地区的吉尔吉斯人常常被卷入蒙兀儿斯坦诸派势力的冲突之中。

据 1986 年苏联新版的《吉尔吉斯共和国史》,15 世纪末,蒙兀儿斯坦处于内乱之中,1470—1471 年,卡尔梅克人对蒙兀儿斯坦发动了猛烈进攻。正是在这一时期,吉尔吉斯的主要部众离开了阿尔泰山和额尔齐斯河沿岸地区而到达了北部天山水草丰美的牧场和森林狭谷地区。

13—15 世纪,天山吉尔吉斯人逐渐同化了与他们距离较近的突厥人和蒙古人,形成了若干个吉尔吉斯氏族联盟,这些氏族联盟被认为是近代吉尔吉斯族。15 世纪后半叶吉尔吉斯族基本形成。15—16 世纪,由于蒙古瓦剌部的进攻,居住在叶尼塞河流域的大部分吉尔吉斯人迁移到了天山地区。15 世纪 80年代,天山吉尔吉斯人建立起自己的国家——吉尔吉斯汗国。苏联专家和学者认为,天山吉尔吉斯族的崛起,是吉尔吉斯民族共同体形成的最初阶段,17—18 世纪最终形成今天的吉尔吉斯族。

史诗《玛纳斯》记载,玛纳斯的一个战友契丹王子阵亡之后,其部属数万名士卒留在了吉尔吉斯族中。这证明,在吉尔吉斯民族共同体形成的过程中,也融合了许多契丹人。13—16世纪,随着蒙古人的西征,以及瓦剌人对叶尼塞吉尔吉斯人的进攻,许多吉尔吉斯人或随蒙古部落西迁至中亚天山地区,或被迫西迁。在蒙古人的长期统治之下,吉尔吉斯人也融合了许多蒙古部落。在吉尔吉斯部落中,有奈曼部、岳瓦什部、蒙古部等,它们都与蒙古人在中亚的活动有密切联系。可以认为,13—16 世纪是吉尔吉斯族形成和发展过程中极为重要的一个时期。吉尔吉斯人属于南西伯利亚蒙古人种的亚种,形成于 13世纪以后。语言学家们的研究表明,吉尔吉斯语的口语发展经历了三个阶段:第一阶段是古代时期,即 7—12 世纪;第二阶段是 12—15 世纪中叶;第三阶段是天山时期,即 15—16 世纪,这一时期,现代吉尔吉斯民族共同语正式形成。

苏联学者 Б. Д. 扎姆格尔契诺夫在为《吉尔吉斯苏维埃社会主义共和国百科全书》所写的条目中也指出,16—18 世纪是吉尔吉斯民族形成的进一步发展时期。虽然 16 世纪时吉尔吉斯人已经在伊塞克湖地区、天山地区有了活动,但因蒙兀儿斯坦、哈萨克准噶尔之间战争频繁,吉尔吉斯人尚未形成明确而稳定的共同生活地域。18 世纪初,叶尼塞吉尔吉斯人的主力西迁完成之后,吉尔吉斯人分布在西起费尔干纳的苦盏,东至喀什噶尔,北起楚河、塔拉斯河中游地区,南至帕米尔阿赖山一带。有了比较稳定的共同活动地区,吉尔吉斯民族共同体才最终形成。

蒙古王朝——叶尔羌汗国

　　叶尔羌汗国是中国明朝在新疆建立的伊斯兰教地方政权，于 1514 年建立，维持至 1680 年。建立者萨义德汗是察合台后裔、东察合台汗国满速儿汗的三弟，即蒙兀儿人。史籍称叶尔羌汗国为"蒙兀儿汗国""喀什噶尔汗国""萨义德汗国"等。《明史》将新疆各地政权统称为"地面"。因首都为叶尔羌（今莎车），故名叶尔羌汗国。

　　叶尔羌汗国是一个信奉伊斯兰教的蒙古王朝。汗国的统治阶级为信仰伊斯兰教的察合台后裔，主要居民则是维吾尔族人。汗国的政治体制既带有草原游牧民族的色彩，又吸收借鉴了南疆绿洲政治体系的长处。"和卓"是阿拉伯语与波斯语的音译，意为"圣裔"，是对伊斯兰教创始人穆罕默德后裔的尊称，因而也成为某些非圣裔的伊斯兰教中的上层人物自我标榜的称呼。汗国各和卓的势力很大，后来分为黑山派和白山派，两派互斗不已，直到亡国。白山派的支持者是哈萨克人，黑山派的支持者是吉尔吉斯人。白山派在喀什噶尔统治，黑山派在叶尔羌统治。因为后来很多大城市由吉尔吉斯人管理，所以叶尔羌汗国有时被称为吉尔吉斯汗国。

　　米尔咱·海答儿的《拉失德史》记载，16 世纪初叶，吉尔吉斯人已分布在今吉尔吉斯斯坦的北部地区，他们受蒙兀儿斯坦察合台后裔的统辖。由于布哈拉汗国昔班尼王朝在中亚地区帖木儿帝国故地上建立了自己的统治，而蒙兀儿斯坦的统治者则视河中为自己的世袭领地,他们多次相互征战,战争主要是在西部天山、费尔干纳和塔什干等地进行,吉尔吉斯人也常被卷入其中。1501—1502 年,蒙兀儿斯坦的阿黑麻汗得知其兄马合木汗被昔班尼汗围困,乃率其子萨义德前去支援,结果被打败,阿黑麻汗回到了阿克苏,于 1503—1504 年间死去。他的另一个儿子哈利勒速檀(萨义德之弟)在内争中失利,逃往天山中的吉尔吉斯人部落并在那里被吉尔吉斯人奉为首领,做了"监治官"。后来,萨义德也逃到了吉尔吉斯人处。B. B. 巴托尔德指出,兄弟二人在这里一起住了 4 年。1508 年,萨义德、哈利勒速檀二人之兄满速儿从吐鲁番发兵进攻吉尔吉斯人地区,萨义德与哈利勒速檀集合所有吉尔吉斯人和蒙古人士卒,在阿拉木图开阔的原野上与满速儿展开恶战,结果二人战败,满速儿将吉尔吉斯人迁到了焉耆,萨义德逃亡到帕米尔高原,并控制了费尔干纳盆地。由于在塔里木盆地以南的扩张中屡次受挫,萨义德逃往阿富汗的喀布尔城,投奔远亲帖木儿的后裔巴布尔。1511 年,萨义德统一了楚河上游,以及塔拉斯河、纳伦河、伊塞克湖、伊犁河周围的各个吉尔吉斯部落,1513 年,喀什、阿克苏、叶尔羌相继被萨义德的军队攻陷。在叶尔羌城被攻陷前,阿巴拜克让位给儿子,自己携大批财宝外逃,而后将大批财宝倒入喀浪咕尔河,企图拖延萨义德军队追击的速度,但仍旧在昆仑山被俘,在押往叶尔羌的途中被秘密处死。1514 年,萨义德又攻占了英吉沙、喀什噶尔、叶尔羌及和田等地,势力逐渐扩大。同年,他在原察合台汗国的旧地上创立叶尔羌汗国,定都叶尔羌城。吉尔吉斯诸部成为该汗国附属。

　　叶尔羌汗国统治者均系察合台后裔。辖地为"阿尔蒂沙尔"(六城:喀什噶尔、叶尔羌、于阗、英吉沙、阿克苏、乌什),盛时包括吐鲁番、哈密、塔里木盆地、焉耆和费尔干纳。叶尔羌汗国自 1514 年建立到 1680 年亡,历经 11 代汗的统治,境内居民为维吾尔族人、柯尔克孜族人等,从事农、牧业;伊斯兰教逊尼派为国教。叶尔羌汗国的首都在今莎车,汗国版图的东方是嘉峪关;南方是西藏;西南是克什米尔;西方与乌兹别克布哈拉汗国相邻,与乌兹别克以费尔干纳谷地为界;北方以天山为界,与东察合台吐鲁番汗国(后被噶尔丹的准噶尔汗国所消灭)相邻。

　　在萨义德建立叶尔羌汗国的过程中,吉尔吉斯人起了重要作用。吉尔吉斯人首领马黑麻因战功卓著,获得萨义德汗的大量赏赐,马黑麻回到蒙兀儿斯坦后,所有的吉尔吉斯人都归附于他,吉尔吉斯部落也经常到突厥斯坦、赛兰、安集延等乌兹别克人统治的地区掠夺。但吉尔吉斯人同萨义德汗很快产生了矛盾。1517 年,萨义德汗亲征马黑麻,夜袭吉尔吉斯人设在伊塞克湖畔的大营,并俘虏了马黑麻。萨义德汗一直想恢复对蒙兀儿斯坦的统治,1522 年,萨义德又派其子拉失德出征并任命马黑麻为吉尔吉斯人的异密随军出征。军队到达蒙兀儿斯坦后,马黑麻招揽了大部分吉尔吉斯人,只有一小部分人逃至边境地区。是年冬,拉失德的军队就在伊塞克湖的西南驻扎过冬。这时,哈萨克人的势力已经强大起来。1524 年,哈萨克塔赫尔汗与萨义德汗会见并结为姻亲。但由于马黑麻与萨义德汗反目,许多吉尔吉斯人又投奔哈萨克塔赫尔汗。1525 年冬,塔赫尔汗进入蒙兀儿斯坦,到达伊塞克湖西南地区驻扎,当时有一半吉尔吉斯人前往投奔他,这使拉失德的军队惊恐地从这一地区退至纳伦河支流流域。1526 年春,哈萨克人进入蒙兀儿斯坦中部地区,拉失德为了防止自己统治下的吉尔吉斯人投奔塔赫尔汗,把他们迁往纳伦河支流流域的阿忒八失。随后,塔赫尔汗又把阿忒八失的吉尔吉斯人全部带走。这样,哈萨克人与吉尔吉斯人就结成了长达 30 年的联盟。之后,吉尔吉斯人还常常被卷入叶尔羌汗国内部的斗争之中,尤其是在叶尔羌汗国的后期,由于白山派和黑山派两派斗争剧烈,吉尔吉斯人常站在黑山派一边,很多人成了黑山派信徒,所以也常遭白山派的屠杀,这种情况一直持续到1680年叶尔羌汗国灭亡为止。可以说,吉尔吉斯人曾在叶尔羌汗国的政治生活中起过重要作用。

叶尔羌汗国建立之后,在原东察合台汗国境内出现了2个政权并存的局面,即占据喀什噶尔、阿克苏、和田等南疆大部分地区的叶尔羌汗国,以及占据吐鲁番、哈密的满速儿汗政权。1543年,满速儿汗死,其子沙汗继位。后来,沙汗死于一次与瓦剌的战斗中。叶尔羌汗国的第三任汗阿布都克里木(拉失德汗的次子)乘机出兵占领了吐鲁番、哈密等东部地区,结束了自东察合台汗国中期以后向阳地(南疆)分为东西两部的局面,实现了统一。

在拉失德汗与阿布都克里木汗统治时期,叶尔羌汗国进入鼎盛阶段。汗国的奠基者萨义德汗采取了一系列宽容措施,使得在东察合台汗国时期屡遭破坏的经济取得了一定程度上的恢复,他的2位继任者继承了这些政策,使得汗国经济取得了进一步发展。在这一时期,喀什噶尔、和田、阿克苏重新发展成为商贸繁荣的城市,叶尔羌等地的绿洲农业也得到了恢复与发展。

叶尔羌汗国经济以农业为主,同明朝有着密切的贸易往来,其中主要的是"茶马贸易",后同清朝也有着密切的政治、贸易往来。汗国把同明朝的贸易往来视为"金路"。17世纪中叶,叶尔羌第九任汗阿布都拉遣使赴清,确立了与清朝的关系。1656年,阿布都拉汗派遣30名贡使到京师(今北京),进贡了独峰驼、蒙古马等方物,清朝回赠大量的绢绸。

1703年,准噶尔汗策妄阿拉布坦惧怕清朝和俄罗斯帝国,于是决定将吉尔吉斯人从米努辛斯克盆地驱赶到南方的准噶尔地区,在阿巴坎谷聚集了1.5万—2万名吉尔吉斯人。居住在叶尼塞河流域的吉尔吉斯人分3路迁移到准噶尔地区。移居到准噶尔地区的吉尔吉斯人的主要任务是服兵役及保护准噶尔汗国的边疆。大部分吉尔吉斯人混居在阿尔泰人、铁勒乌特人、哈萨克人中,剩下的吉尔吉斯人形成了今天的哈萨克族。

《中亚五国史纲》一书指出,18世纪初,叶尼塞河流域吉尔吉斯人的主力西迁完成后,吉尔吉斯人从此分布在西起费尔干纳的苦盏,东至喀什噶尔,北起楚河、塔拉斯河中游地区,南至帕米尔阿赖山一带。有了比较稳定的共同活动区域,吉尔吉斯民族共同体才最终形成了。18世纪中叶,清朝出兵平定了准噶尔部,统一了新疆。清朝称吉尔吉斯人为"布鲁特",天山以北为东布鲁特,天山以南为西布鲁特。1758年,清军追剿并击败了准噶尔部。从此,天山南北广大地区的吉尔吉斯人全部归属于清朝。

1533年,萨义德汗攻打克什米尔失败撤军,病死在返回叶尔羌的途中。汗位的继承权引发了统治阶级内部纷争。1533年,萨义德长子拉失德成为叶尔羌汗国的第二任汗。他是一个对文化活动相当重视的君主,使叶尔羌汗国进入了文化繁荣期。他在位期间,其妻子阿曼尼莎汗主持整理了"十二木卡姆",为后人留下了宝贵的文化财富。

叶尔羌汗国后期陷入了严重的教派斗争,最后甚至导致准噶尔入侵,走向亡国。早在叶尔羌汗国第三任汗阿布都克里木时期,和卓一派即开始进入叶尔羌汗国。阿布都克里木汗之子马黑麻汗继位以后,黑山派和卓受到汗王的大力支持,这一教派在叶尔羌汗国内迅速发展。稍后,白山派也进入该国,要求分享黑山派的权力。两派之间的矛盾越来越尖锐,甚至发生血腥厮杀。1670 年,黑山派拥立伊思玛业勒为叶尔羌汗。随后,伊思玛业勒汗镇压白山派,白山派首领阿帕克和卓经克什米尔逃往西藏。后来他假借达赖五世介绍的名义,前往准噶尔勾结珲台吉噶尔丹。噶尔丹于 1678 年进军叶尔羌,将伊思玛业勒汗及其家族俘获,带回准噶尔,另立阿帕克和卓为傀儡国王,叶尔羌汗国亡。

16 世纪开始,吉尔吉斯人已经逐渐地分布于今吉尔吉斯斯坦境内。16 世纪末,一部分吉尔吉斯人进入阿赖山和卡拉捷金山区。17 世纪初,又逐渐进入吉萨尔和库利亚布西部地区。

繁荣顶峰——浩罕汗国

浩罕汗国是 18 世纪初建立在中亚地区的封建国家,版图包括今天的哈萨克斯坦南部部分地区、乌兹别克斯坦东部以及塔吉克斯坦与吉尔吉斯斯坦部分领土,核心地区在包括浩罕、安集延、马尔吉兰、纳曼干等城的费尔干纳盆地。其居民主要为乌兹别克族,其次为塔吉克族、吉尔吉斯族和哈萨克族。建立浩罕的明格部落是 16 世纪从原金帐汗国南迁至河中的乌兹别克族的一系(1514 年第一位统治者名阿尔丁别什)。这一时期在中亚,布哈拉汗国居于统治地位。17 世纪末,布哈拉汗国国势衰微,其实际支配领地仅剩首都所在的河中地区的一部分。于是在费尔干纳地区,信仰伊斯兰神秘主义的和卓们开始了领地自治化。1710 年左右,费尔干纳地区的明格部落首领沙鲁克开始反抗宗教政权,并于 1740 年定都浩罕,摆脱了布哈拉汗国的统治。在当时,以民族独立为目的而建国是很常见的。

浩罕建立之初,国家较为弱小,经常受到位于天山山脉北麓地区的准噶尔汗国的侵略。1757 年,清朝征服了准噶尔汗国,并于 1759 年镇压新疆南部的大小和卓之乱,控制了整个新疆地区,使得浩罕和清朝在塔里木盆地的喀什地方直接接壤。1760 年,浩罕统治者额尔德尼曾归附清朝。他的继承人纳尔布塔加强浩罕对费尔干纳的统治,并继续对清朝称臣。作为清朝的藩属国,浩罕军事方面的压力大为减轻。这些条件使得浩罕具备了扩大其领地的条件。浩罕的各代君主都积极雇用原准噶尔军队中的主力吉尔吉斯族,作为雇佣兵和炮兵充实军事力量。

　　18 世纪,今日的吉尔吉斯地区分别是准噶尔蒙古(北部)及浩罕(南部)的势力范围。准噶尔人为了避免与俄罗斯族人冲突,把吉尔吉斯人从叶尼塞河流域迁移到天山一带。乾隆帝平定准噶尔蒙古之后,浩罕向大清帝国称臣,整个地区都进入了清朝的势力范围内。19 世纪 20 年代,浩罕势力扩张,整个吉尔吉斯地区都成为浩罕的一部分。1800 年,浩罕当时的君主爱里木从希瓦汗国手中夺取了中亚地区为数不多的大都市之一——塔什干。塔什干是俄罗斯帝国和东方连接的桥梁,浩罕从而打通了进入哈萨克草原的通道。这一功绩使得当时处于浩罕统治下的各个部落一致推举爱里木成为大汗。察合台汗国建立以来,中亚所有被冠上"大汗"称号的君主,都有这一继承成吉思汗尊号的习惯。因此爱里木成为浩罕国的大汗,而国家也开始被称为汗国。1810 年,爱里木汗的弟弟穆罕默德·奥马尔汗即位,浩罕汗国迎来了鼎盛时期:征服了哈萨克地区的主要城市图尔克斯坦,迫使该地区的哈萨克部落和吉尔吉斯部落臣服。在 18 世纪末纳尔布塔统治时期,浩罕汗国终于完成了对费尔干纳地区的统一,其疆域西北临咸海,包括锡尔河下游附近的哈萨克草原,东北扩展到巴尔喀什湖以南中国地区,南达卡拉捷金等山区领地。浩罕汗国扩张时,也把吉尔吉斯人纳入自己治下。浩罕汗国控制了额德格讷、克特缅特帕、阿赖谷地以及伊塞克湖等地的吉尔吉斯人。

　　18—19 世纪,吉尔吉斯人作为一支活跃的政治力量登上了浩罕汗国的历史舞台。据中亚地区文献的记载,18 世纪 20 年代,苦盏的统治者阿克布塔是吉尔吉斯人,他在与浩罕汗国统治者阿卜都尔热依姆联姻之后,便将苦盏的统治权给了阿卜都尔热依姆。后来阿克布塔又害怕自己失去权力,于是下令逮捕阿卜都尔热依姆。阿卜都尔热依姆侥幸逃脱,派去追赶的吉尔吉斯士兵几乎全部被阿卜都尔热依姆消灭。其后两人虽然讲和,但阿卜都尔热依姆在其统治的末期仍将阿克布塔及其后裔消灭。在阿卜都尔噶里木统治时期浩罕汗国与吉尔吉斯人订立了盟约,以反对共同的敌人准噶尔汗国。浩罕汗国之所以同吉尔吉斯人结成联盟,是因为当时浩罕汗国还仅是一个由四个伯克领地(安集延、纳曼干、马尔吉兰和浩罕)组成的政权,并未形成一个强有力的权力中心。直至额尔德尼统治时期,才形成一个统一的国家。

18 世纪中叶,清朝平定准噶尔势力和大小和卓叛乱,游牧于今吉尔吉斯斯坦地区的大部分吉尔吉斯人都臣服于清朝,连浩罕汗国也成为清朝的藩属。据俄文文献的记载,浩罕汗国向吉尔吉斯人所征赋税主要有:实物税"哈拉吉",或称"田地税";货币税"塔纳普那亚",即菜园税和果园税;"扎卡特",即商业贸易税;"巴扎税",即市场营业税;"维索夫",即开业经营税;过河税;盐税;等等。除此之外,吉尔吉斯人还要缴纳税款供养驻军,补给临时集中的过往军队,有时还不得不供养总是大批前来的征税人。

19 世纪上半叶,浩罕汗国经济生活和文化建设出现高潮。人民进行规模空前的水利灌溉工程,促进农业特别是植棉业的发展;养蚕业和园艺也很发达;布匹、书写纸张、陶器等享有盛誉。浩罕城、塔什干城为当时中亚最大的工商业中心。

贸易方面,浩罕汗国保持着对清朝的朝贡,同时与俄罗斯帝国也确定了贸易关系,从而打通了东西方的贸易路线,获得了大量的经济利益。因为其与清朝的关系愈加紧密,浩罕汗国商人垄断了新疆的进出口贸易,使得浩罕汗国成为中亚最大的贸易国。当时中亚市场上流通的金银首饰、武器甚至日用品都被浩罕汗国垄断。除此之外，从中国出口到西方的茶叶、丝绸、陶瓷器等，也都要通过浩罕汗国。伴随着经济的增长，浩罕汗国也改变了边境地区荒芜的面貌，加速了社会基础设施的建设，逐渐成为该地区军事、宗教、商业的中心。进入 19 世纪后，为了牵制浩罕汗国扩大疆域的野心，清朝开始在新疆地区逐步限制浩罕汗国商人的活动。

在浩罕汗国繁荣的背后，其国内的统治阶层逐步发生对立，哈萨克和吉尔吉斯等游牧部落的叛乱也时常发生，政权实际上很不稳定。1842 年，布哈拉汗国的继承者纳斯鲁拉入侵浩罕汗国，攻下浩罕城，并杀害了穆罕默德·阿里汗全族人。从此，浩罕汗国被纳入布哈拉汗国的领地。随后布哈拉汗国在浩罕城扶植了新一任傀儡统治者。

不久，出自浩罕大汗一族分支的西尔·阿里汗夺回了政权。但由于王室血脉而引发的汗位继承斗争，国内政治环境逐步恶化，政局陷入混乱。同时，北方的俄罗斯帝国入侵了哈萨克草原，直接威胁到浩罕汗国在这一地区的统治。浩罕汗国曾尝试与当时世界上最大的伊斯兰教国家奥斯曼帝国联手，并且与大英帝国保持友好关系，以牵制俄罗斯帝国的南下。然而，国势大不如前的浩罕汗国已经没有足够的力量抵御来自俄罗斯帝国的侵略了。

1864 年，俄罗斯帝国开始了对浩罕汗国的入侵。1865 年，布哈拉汗国与俄罗斯帝国联手攻下了浩罕汗国北部重镇塔什干。1868 年 3 月，浩罕汗国与俄罗斯帝国签订保护条约，成为俄罗斯帝国的从属国。

由于浩罕汗国统治者的残酷统治和压迫，吉尔吉斯人民与其他各族人民共同掀起了多次反抗浩罕汗国统治者的斗争，如

1832年纳伦地区的吉尔吉斯人起义、1843年伊塞克湖地区的吉尔吉斯人起义、1845年鄂什地区吉尔吉斯人的起义等。但吉尔吉斯人民连绵不断的起义，都被浩罕汗国统治者镇压，吉尔吉斯人民被奴役的命运并未改变。

　　1871年和1873年，浩罕汗国爆发了两次大规模农民起义。1875年，在布哈拉汗国入侵和国内吉尔吉斯部落叛乱的双重压力下，胡达雅尔汗向奥斯曼帝国求援未果，宣布退位。叛乱者们拥护纳斯尔丁汗即位，但随即俄罗斯帝国以"前任可汗要求武力保护"为由，在斯科别列夫将军的率领下开始了对浩罕汗国的入侵。1876年2月19日，俄罗斯军队攻下浩罕城，末代可汗纳斯尔丁汗出降，浩罕汗国灭亡。浩罕汗国灭亡后，原浩罕汗国统治下的吉尔吉斯人又被纳入了俄罗斯帝国的统治之下。

沙俄入侵
——俄罗斯帝国费尔干纳省

　　俄罗斯帝国对吉尔吉斯斯坦的征服,是从两个方面入手的:一方面,征服浩罕汗国,占领其境内吉尔吉斯斯坦地区;另一方面,通过军事掠夺和签订一系列不平等条约,占领当时属于清朝管辖的吉尔吉斯斯坦地区。

　　16 世纪末起,沙皇伊凡四世就开始向东扩张至卫拉特蒙古和吉尔吉斯地区。1618 年、1628 年,沙俄就在吉尔吉斯地区建立了库兹涅茨克和克拉斯诺亚尔斯克诸城堡,并向吉尔吉斯人强行征税,遭到了吉尔吉斯人民的坚决反抗。18 世纪初彼得二世统治时期,使者翁科夫斯基把吉尔吉斯人的消息带入俄罗斯帝国,他当时称吉尔吉斯人为"布鲁特"。1749 年,奥伦堡学者雷奇耶夫出访吉尔吉斯人的聚居地,他称吉尔吉斯人为"阿尔泰吉尔吉斯人"。1780 年,埃夫雷莫夫把吉尔吉斯南部的消息带入了俄罗斯帝国。鉴于使者翁科夫斯基和埃夫雷莫夫了解吉尔吉斯人的聚居地和往来路线,女皇叶卡捷琳娜二世命他们率领使团出访吉尔吉斯人聚居地,了解当地的状况。

　　1854 年,沙俄着手入侵浩罕汗国,并通过各种外交手段逼迫清廷承认中亚地区各藩属的独立地位。沙俄在修建了维尔内堡(今阿拉木图)后,便把侵略矛头指向吉尔吉斯人。1855 年,在伊塞克湖周围游牧的吉尔吉斯两大部落萨雷巴噶什和布库发生纠纷,游牧于西南岸的萨雷巴噶什部将布库部从北岸、南岸驱赶到东北岸直至特克斯河和格根河一带。俄军很快打着帮助布库人的旗号进入格根河,但萨雷巴噶什部落坚决抵制,迫使这股俄军势力不久就返回了维尔内。1856 年 6 月,新任哈萨克"中玉兹监护官"霍缅托夫斯基率领一支俄军,以保护布库人免遭萨雷巴噶什人排挤为名,强行进入伊塞克湖以东地区,由此而潜入该湖以南、纳伦河上游地区。因萨雷巴噶什部落坚决反抗,俄军未能在伊塞克湖立足而撤走。同年 9 月,一支俄军沿外伊犁阿拉套山北麓西进,向楚河上游的萨雷巴噶什部落发动猛烈进攻,萨雷巴噶什部落被迫西撤,俄军追击,萨雷巴噶什部落乘机反攻,在楚河上游毙伤俄军 20 人。

1860 年起,沙俄开始兵分两路进攻浩罕汗国。1860 年 2 月,两支俄军再次前往伊塞克湖地区,在伊塞克湖东扎寨,同时还侵入纳伦河上游。俄军在侵入伊塞克湖西南岸后,遇到萨雷巴噶什部落的坚决抵抗。但因俄军势力强大,萨雷巴噶什部落最终被迫向天山深处和塔拉斯河转移。同年,沙俄征服浩罕汗国,占领浩罕汗国的托克马克、比什凯克等吉尔吉斯人的居住地。

1860 年 11 月,沙俄趁英法联军攻陷北京之际,迫使清政府签订了《中俄北京条约》,其中第二条是:"西疆尚在未定之交界,此后应顺山岭、大河之流及现在中国常驻卡伦等处,及一千七百二十八年,即雍正六年所立沙宾达巴哈之界牌末处起,往西直至斋桑淖尔湖,自此往西南顺天山之特穆尔图淖尔,南至浩罕边界为界。"这个条文的规定是非常模糊的,这就为沙俄任意侵占中国领土提供了所谓的条约"依据"。

1864 年 10 月 7 日,沙俄又迫使清政府依据《中俄北京条约》第二条签订了《中俄勘分西北界约记》,条约共 10 条,主要内容有:①划分边界。条约规定了中俄两国自沙宾达巴哈至浩罕边界为止的共同边界,将新界以西原属中国的大片土地划归俄国。②人随地归。边境地区人民,"向在何处住牧者,仍应留于何处住牧";划界后,"地面分在何国,其人丁即随地归为何国管辖"。③建立界牌。换约后满 240 天,两国立界大臣会同,按照议定界址,分段建立界牌鄂博,并拟定国界记文,互换为凭。④挪移卡伦、民庄。立界后,位于新界俄国一侧的原有中国卡伦,应于一个月内迁往中国一侧;巴克图卡外民庄 5 处,限 10 年内内迁。

根据这个条约,从沙宾达巴哈,一直到浩罕边界(今阿赖山北),中俄双方划界,原属于清朝领土的巴尔喀什湖以东以南的七河、楚河、塔拉斯河流域、伊塞克湖、纳伦河流域等地,全部划归沙俄。通过此条约,沙俄共割占中国西北部 40 多万平方千米的土地,并且根据条约,在以上这些地区内游牧的吉尔吉斯各部落也因"人随地归"而为沙俄所统治。

1865 年,俄军攻占塔什干这座中亚最大的贸易中心城市。当时浩罕可汗是胡达雅尔汗,他在俄军攻克塔什干后,即投降归顺。1868 年 3 月,沙俄突厥斯坦总督考夫曼迫使胡达雅尔签订了一份将浩罕汗国正式变为俄罗斯帝国附属国的条约,从此,浩罕汗国沦为俄罗斯帝国的附属国。

胡达雅尔汗对外卑躬屈膝,对内剥削压迫,导致各民族人民多次起义,反对胡达雅尔汗的残酷统治。其中规模最大、时间最长的起义是 1873—1876 年发生在费尔干纳的起义(波拉特汗起义),起义军在现在的吉尔吉斯斯坦境内建立了普热瓦利斯克阵地。1873 年,胡达雅尔汗又想对鄂什和安集延以南诸山中的吉尔吉斯人增加新的赋税,即对每一户人家征收的户税羊从 1 只增加到 3 只,对山区的耕地也要征收一些新税。吉尔吉斯人不但拒缴新税,还打了派去征税的官吏,胡达雅尔汗派人去镇压，吉尔吉斯人退到山中。此后，胡达雅尔汗又处死了40名吉尔吉斯人代表，引起吉尔吉斯人的愤慨，于是吉尔吉斯人掀起更大规模的起义，但吉尔吉斯人的起义最终被镇压。

1875年，浩罕汗国再次爆发了各族人民大起义。胡达雅尔汗被迫逃往苦盏俄军基地，其子纳斯尔丁被立为新汗。1875年9月，考夫曼与纳斯尔丁在马尔吉兰签订条约，规定纳伦河右岸汗国北部连同纳曼干域划归沙俄。但浩罕人民又掀起了更大规模的起义，纳斯尔丁逃往苦盏。1876年1月，俄军开始攻打浩罕汗国重镇安集延，致使当地3万臣民丧生，至此，俄军彻底镇压了浩罕起义。3月，沙俄宣布改浩罕汗国为费尔干纳省，浩罕汗国彻底灭亡。汗国境内吉尔吉斯人地区也并入沙俄。至此，原来的中国部分领土、吉尔吉斯部落的全部土地被沙俄吞并。沙俄的统治，引发不少反抗，但亦有不少人决定离开现居地，迁入帕米尔高原及阿富汗。

同年，沙俄组成了以斯科别列夫为首的"阿赖远征军"，他们越过阿赖岭侵入阿赖谷地。这里是吉尔吉斯额德格讷等部落的游牧地。吉尔吉斯人民掀起了反抗斗争，但最后失败，沙俄占领了阿赖谷地，此后又开始向帕米尔推进。现今吉尔吉斯斯坦的大部分土地，被沙俄强占。

1881年2月，沙俄在交回伊犁时又迫使清政府签订了《中俄伊犁条约》，中国收回了伊犁，但又失去了伊犁以西的大片土地，其中也包括一部分吉尔吉斯人所在地区。1884年6月，沙俄迫使清政府签订了《中俄续勘喀什噶尔界约》，这个条约使沙俄又强占了阿赖及和什库珠克帕米尔吉尔吉斯人地区。

1895年，俄英两国背着清政府签订协议，瓜分了原属清朝的帕米尔吉尔吉斯人地区。至此，吉尔吉斯地区绝大部分归沙俄所有。沙俄当局的殖民统治引起了吉尔吉斯人及其相邻的乌兹别克人、哈萨克人和塔吉克人的强烈不满,1898 年 5 月 17日,费尔干纳省安集延市爆发了声势浩大的武装起义。但由于寡不敌众,起义很快遭到镇压。沙俄政权在这里的统治更加残酷——残酷镇压自由主义和社会主义者,经济上实行寡头资本主义政策,推行土地私有化改革。这些政策虽实现了俄罗斯帝国经济的飞速增长,但由于其掠夺性私有化改革的极端不公正,底层民众并没有从经济的发展中获利太多,而且相当一部分农民的私有财产遭受损害,社会不满度急剧上升。

1916 年,沙皇征调中亚男性居民去战场修筑工事引起的民族起义更是席卷中亚。在这种背景下,俄国十月革命应运而生。这是人类历史上第一次获得胜利的社会主义革命,世界上第一个社会主义国家由此诞生。十月革命的胜利沉重打击了帝国主义的统治,推动了国际共产主义运动的发展,鼓舞了殖民地半殖民地人民的解放斗争,改变了俄国历史的发展方向,用社会主义方式改造俄国的道路,对整个人类社会的发展都产生了巨大的影响。十月革命也结束了资本主义独占天下的局面,并为之后的社会主义阵营的建立奠定了基础。

此外,沙俄在费尔干纳省建立了相应的统治机构。1856年,设立了以维尔内为中心的阿拉塔夫州,该州隶属于西西伯利亚总督区的塞米巴拉金斯克省,统辖伊塞克湖周围、楚河、天山深处的吉尔吉斯人。1865 年,沙俄建立了突厥斯坦省,不久又改为突厥斯坦总督区。为了加强对突厥斯坦边区的统治,沙俄专门建立了一个特别委员会,并颁布了《突厥斯坦边区管理条例》。根据此条例的规定,北吉尔吉斯斯坦的大部分地区归七河省管辖。伊塞克湖盆地、科奇科尔谷地、珠穆翰、纳伦、阿特巴什和托古兹托罗归伊塞克湖县管辖;大小克明谷地和整个楚河谷地都归托克马克县管辖,后又划归比什凯克县;塔拉斯和恰特卡尔河谷归锡尔河省的阿乌利阿塔县管辖。

1876年,沙俄将吉尔吉斯南部地区划归费尔干纳省管辖,下辖7县:安集延、鄂什、马尔吉兰、纳曼干、浩罕、楚斯特和伊斯法拉。在沙俄设立的管理机构中,最高级为总督区,设有总督;其次为省,设有省长;第三级为县,设有县长;第四级为乡,设有乡长。在一个县中,通常有1000—2000帐牧民,而每个乡则由100—200帐牧民组成。

在设立管理机构的同时,沙俄也开始向今吉尔吉斯斯坦地区移民。从19世纪60年代末开始,大量俄罗斯帝国的农民就开始移居吉尔吉斯北部地区,之后移民范围日益扩大。1891—1892年,在七河省有1729户农民为移民家庭,他们主要分布在北吉尔吉斯,即比什凯克县和普热瓦利斯克县。1896年,这两县的移民已增至2.5万人。从19世纪90年代开始,俄罗斯帝国的农民移民又进入了吉尔吉斯南部,在鄂什县和安集延县,移民组成的村庄竟然达到25个。沙俄就是通过这样一系列手段严密地统治着吉尔吉斯地区。

20世纪初,吉尔吉斯人的分布区域主要在4个州:七河州、锡尔河州、费尔干纳州和撒马尔罕州。大批吉尔吉斯族的贫穷牧民和农民没有任何政治权利,没有自己的民族文字,几乎都是文盲。

19世纪末20世纪初,吉尔吉斯的游牧民中开始出现定居生活,出现了定居农业和畜牧业,而且农业生产在一些县中占据了比较重要的地位。随着沙俄对这一地区统治的加强,资本主义生产关系也在工业和农业中产生了。

据统计,截至1917年,生活在费尔干纳州的36.2万吉尔吉斯人中已经有20.6万人过着定居或半定居生活。在这里形成了许多定居的村落,这些定居村落中除有俄罗斯人、乌克兰人等居住的移民村落外,也有吉尔吉斯人村落。当然,这些吉尔吉斯人组成的村落一般都比较小,大型的吉尔吉斯人村落只在南部灌溉农业地区才有。截至20世纪初,这片土地上已有上百个吉尔吉斯人村落了。

吉尔吉斯地区,尤其是北方地区,居民的经济生活主要是游收业。北方地区每户吉尔吉斯人家所拥有的羊、马的数量要比南方每户人家高出2—3倍。在南方地区,与畜牧业并重的是农业。1916年前,比什凯克县85%的原住民过着游牧或半游牧的生活,普热瓦利斯克县、塔拉斯盆地的吉尔吉斯人以及山区的吉尔吉斯人等都与比什凯克县相似,而在鄂什、马尔吉兰、浩罕诸县,游牧民和半游牧民只占当地居民总数的64.7%。农业生产也有了较大的发展,农作物有小麦、大麦、燕麦、水稻等,在这里有大片土地开始种植棉花。

20世纪初,吉尔吉斯人所在地区的耕地面积不断扩大。如在比什凯克县,耕地面积有11.5万俄亩,普热瓦利斯克县有4.97万俄亩,特别是在费尔干纳盆地的吉尔吉斯人,对当地农业发展起了非常重要的作用。1914年,费尔干纳州的半游牧民已经拥有了人工灌溉耕地3.95万俄亩,其中鄂什县有3400俄亩。

受俄国资本主义发展的影响,资本主义生产关系也开始在吉尔吉斯地区逐步发展起来了。在农业生产领域,许多农民生活困苦,只好充当佃农和雇工。每户拥有18俄亩以上耕地的富农占了农村农户中的23.8%,其中还有不超过1%的大地主,他们拥有油坊、干酪厂等。富农、巴依、玛纳普利用自己大量的耕地,广泛使用雇佣劳动力。在畜牧业方面,吉尔吉斯地区的畜牧业已在开拓商品市场方面起了很大作用。例如,1906年,在比什凯克和普热瓦利斯克两县所有已出售的牲畜中,吉尔吉斯人所占的份额就有 91.6％。19 世纪下半叶,吉尔吉斯北部的商品市场上活畜占据优势,20 世纪初则主要是未加工的皮张和毛制品。畜产品在所有经济领域中占有重要地位。1914 年,在吉尔吉斯地区所有的商品收入中,畜牧产品收入占 44％,而农产品仅占 33％。

随着突厥斯坦边区手工业的发展,在吉尔吉斯北部的比什凯克、托克马克和普热瓦利斯克等地的移民村落和城市中,手工业生产日益扩大,吉尔吉斯南部的鄂什城已成为大型手工业和小商品生产的中心。在吉尔吉斯南部,建立了一些采炼企业、石油企业和有色金属企业,如克孜尔基耶股份公司、费尔干纳石油工业公司等等。此外还有许多拥有多名或者只有一两名雇佣工人的小型企业,其设备异常简陋,例如有磨坊、洗毛厂、棉纺厂、煤矿厂、采油厂等。1883—1913 年的 30 年间,吉尔吉斯地区的工业企业总数从 165 家增长到 569 家。到 1917 年,吉尔吉斯地区已经拥有 3 万名雇佣工人,其中 2 万多人是在富农和巴依家做雇工的雇农;约 7200 人在工业企业中工作,其中 3000 人在大型企业中工作,这 3000 人中有 1600—1700 人是吉尔吉斯人,此外的约 4200 人在小型工业企业中工作。

20 世纪初,吉尔吉斯地区的牧民、农民、工人遭受着沉重的压迫,最终导致 1905—1907 年在吉尔吉斯地区也爆发了资产阶级民主革命。在吉尔吉斯地区的企业中,工人的斗争方式一开始仅是表示对工头的不满,工人们从企业中逃跑或拒绝上班等。之后,工人们又公开表示自己的不满,举行经济罢工。被流放的社会革命党人 B. M. 罗伊霍涅尔、M. H. 费利波夫、И. И. 波诺玛廖夫等的活动,以及来自沙俄中部省份的工人的加入对吉尔吉斯地区的革命运动起了很大影响。1904—1905 年,在比什凯克、普热瓦利斯克、鄂什,以及克孜尔基耶矿区、苏留可特矿区已出现许多马克思主义小组,在比什凯克出生的 M.B. 伏龙芝也在这里开始了革命活动。正因如此,吉尔吉斯地区工人的阶级觉悟不断提高,其组织性也大大增强了。

1905 年 1 月 9 日发生的彼得堡事件,标志着俄国第一次革命的开始,革命运动迅速影响到了中亚地区。1905 年春,吉尔吉斯地区的工人,特别是克孜尔基耶矿区的工人,首先提出了自己的要求:实行 8 小时工作制,提高工人工资。工人运动的爆发也促进了农民运动的发展。农民运动的斗争方式多种多样,他们抗缴税收、拒服劳役,在基层行政组织的选举中,反对巴依、玛纳普任职,甚至杀死乡长、村长,举行武装起义。如 1905 年春,吉尔吉斯乡村掀起了农民运动风潮,吉尔吉斯地区的贫民站起来反对他们深恶痛绝的乡长和村长。在普热瓦利斯克县选举某乡的乡长时,地主县长企图让一个玛纳普当乡长而进行贿赂,遭到了吉尔吉斯贫民的痛殴。

1905 年 8—9 月,里施坦石油企业的工人们举行了罢工,提出了自己的经济和政治要求。1905 年秋,比什凯克举行了政治集会,许多市民、手工业者、职员、学生和城市贫民都参加了集会。集会者要求撤销他们最为痛恨的官员的职位,满足劳动人民的政治权利诉求,要求通过对社会公平的无记名投票方式进行选举。

1905 年,莫斯科十二月武装起义失败后,革命运动陷入了低潮,沙皇统治者残酷镇压革命,但在吉尔吉斯地区,广大工人和农民仍在继续斗争。1906 年初,费尔干纳盆地的矿业企业工人举行罢工。1906 年 4 月 3 日夜,比什凯克邮电局遭到攻击。与此同时,在安集延县的玛利撒乡、比什凯克县的萨雷巴噶什乡及阿乌利阿塔县的许多地方,吉尔吉斯农民也掀起了大规模的反抗斗争。许多乡的统治者、村长的住宅、庄园等都遭到农民的攻击。据统计,1906 年,仅在费尔干纳州这类事件就有125 起;1908 年,类似的攻击事件增加到了 147 起。

在革命运动中,涌现出了许多吉尔吉斯本地区的革命者,其中有社会革命党人 T. 茹开耶夫(又名 A. 普多夫金)。1908年初,在 И. C. 斯维努霍夫和 Ф. E. 潘菲洛夫的领导下,革命者在比什凯克建立了社会民主团体,其成员基本上都是工人。

1905—1907 年,在吉尔吉斯地区爆发的革命运动,沉重打击了沙皇的殖民统治,同时也沉重打击了当地封建氏族贵族巴依、伯克、玛纳普。

随着 1905—1907 年俄国资产阶级革命的失败,沙皇统治者也开始残酷镇压革命运动。1907 年,鄂什和比什凯克的社会民主团体遭到破坏,其领导人被捕。中亚地区的民族资产阶级也开始加入扎吉德运动,在吉尔吉斯地区,扎吉德运动也开始出现了。吉尔吉斯地区的革命运动仍在继续发展。

第一次世界大战爆发前夕,比什凯克的社会民主团体力量更加巩固强大,且已经转入布尔什维克的阵地中。这些革命团体在城乡居民中宣传革命思想,发动劳动群众起来斗争。第一次世界大战导致了沙俄经济的全面危机,沙皇统治者加强了对中亚地区的殖民剥削,以此来减轻其经济负担。战争期间,沙皇政府从突厥斯坦边区运走 7 万匹马,强行搜刮 240 万卢布。在吉尔吉斯地区,大量牲畜、饲料被征用。大批农民失去了土地,仅费尔干纳州的吉尔吉斯人就占了所有失去土地的农民总数的 81%,农民们不得不高价从富民、巴依和玛纳普手中承租土地。于是各族人民掀起了激烈的反抗斗争。1914 年 8 月,苏留可特煤矿的俄罗斯工人和吉尔吉斯工人举行了罢工;1914 年10 月,肯阔尔乡的农民也掀起了反抗斗争。各族人民的反抗斗争越来越激烈,以后又发展成为武装起义。

　　1916 年 6 月 25 日,沙俄要在突厥斯坦强征 19—43 岁的男子从军充当辅助军役。沙俄在突厥斯坦要征兵 25 万人,其中在七河州征 4.3 万人,在费尔干纳州征 5.1 万多人。这最终导致了各族人民的大起义。是年 7 月,起义风暴席卷了整个费尔干纳州,其中也包括吉尔吉斯南部地区。居住在山区的吉尔吉斯人起义坚持时间很长,一直持续到 1916 年深秋。许多县和乡的起义群众向当地官僚发动了进攻,并杀死了他们。1916 年 8 月 9 日,起义群众又占领了许多邮电局,破坏了电话线和桥梁,连接比什凯克与普热瓦利斯克、纳伦等军事堡垒的道路也被起义者控制。据沙俄官方报道,有 34 名当地封建贵族被杀。1916 年在吉尔吉斯地区爆发的起义是中亚人民起义的一部分,参加起义的有各阶层的劳动人民,也有不同的社会团体和各个阶级的代表人物。起义沉重打击了沙俄的殖民统治,也沉重打击了当地封建地主、伯克、玛纳普。虽然起义被沙俄残酷镇压了,但它在吉尔吉斯人民的社会政治生活中起了重要的作用,它是吉尔吉斯地区规模最大的一次阶级斗争和民族解放运动,为 1917 年吉尔吉斯地区的四月资产阶级民主革命和十月社会主义革命积累了宝贵的经验。

苏联成员
——吉尔吉斯苏维埃社会主义共和国

　　吉尔吉斯苏维埃社会主义共和国是苏联加盟共和国之一,简称吉尔吉斯,首都是伏龙芝。1917 年十月革命胜利之后,今吉尔吉斯斯坦境内陆续建立起苏维埃政权。根据中亚原行政区划,1924 年 10 月 14 日,在原突厥斯坦自治共和国境内的吉尔吉斯人聚集地区,建立了卡拉吉尔吉斯自治州,近代俄国人一直将吉尔吉斯人称为卡拉吉尔吉斯人,还曾把哈萨克人称为吉尔吉斯人,隶属于俄罗斯联邦。这种情况一直延续到十月革命后的一段时期。1924 年,中亚地区实行民族划界,吉尔吉斯人聚集地区仍被称为卡拉吉尔吉斯自治州。1925 年 5 月 25 日,才正式恢复了吉尔吉斯民族历史上的正确名称,即将卡拉吉尔吉斯自治州改名为吉尔吉斯自治州。1926 年 2 月 1 日,该自治州改称吉尔吉斯苏维埃社会主义自治共和国。1936 年 12 月 5 日,升格为加盟共和国,并加入苏联。

　　俄历 1917 年 2 月,彼得格勒的工人与士兵举行了起义,最终推翻了沙皇的统治,建立了资产阶级临时政府。二月革命很快影响了吉尔吉斯地区,许多城市、乡村及阿伊勒中都举行集会、示威、游行。在同沙皇统治者的斗争中,工人和农民建立了自己的政权机构——苏维埃。克孜尔基耶矿的矿工们于 1917 年 3 月 6 日建立的苏维埃,是吉尔吉斯地区建立起来的第一个工人代表苏维埃,共选出了 13 名工人代表。紧接着苏留可特煤矿也建立了工人代表苏维埃。1917 年 3 月,比什凯克和鄂什建立了苏维埃。同年 5—6 月,纳伦、普热瓦利斯克、托克马克也建立了苏维埃。但是,资产阶级临时政府为抗衡工农代表苏维埃,也建立了一些组织。1917 年 4 月间,在比什凯克、普热瓦利斯克、托克马克、鄂什等城市,以及一些乡村资产阶级也建立了他们的组织——执行委员会,但在个别城市、乡村和阿伊勒中沙皇时代的殖民机构依然存在。因此,在俄国资产阶级二月革命之后,吉尔吉斯地区事实上存在着两个政权——资产阶级执行委员会和工农代表苏维埃。

俄历 1917 年 10 月,列宁领导的十月革命取得胜利,资产阶级临时政府被推翻。这也鼓舞了吉尔吉斯地区工人、农民的反抗斗争。俄历 10 月 25 日,全俄工兵农代表苏维埃第二次代表大会在彼得格勒召开,大会通过了列宁起草的《告工人、士兵和农民书》,大会决定:各地全部政权一律转归工兵农代表苏维埃。1917 年 11 月至 1918 年 2 月,吉尔吉斯地区基本完成了政权交归苏维埃的工作,苏维埃政权首先在吉尔吉斯南部地区和西南部地区得到了巩固,因为这里有许多大型工业企业和大量的工人,其中包括苏留可特煤矿和克孜尔基耶煤矿。当地的布尔什维克士兵 A. 弗洛罗夫和工人 Д. 捷卡诺夫都曾参加全俄工兵农代表苏维埃第二次代表大会,他们领导了在撒马尔罕州建立苏维埃政权的斗争。

随着革命运动的发展,吉尔吉斯地区各地的工农苏维埃政权逐步建立并巩固下来。摆在布尔什维克和苏维埃政权面前的主要任务就是保卫胜利的果实,防止资产阶级、地主富农的反扑。在吉尔吉斯地区,人们开始建立革命武装——红军赤卫队。吉尔吉斯地区的第一支红军赤卫队是由克孜尔基耶的矿工组成的,这支军队多次参加打击浩罕自治政府武装势力的斗争。同时,革命法庭在吉尔吉斯各地陆续建立,其成员也吸收了当地的吉尔吉斯等族人。如1918年3月建立的比什凯克县革命法庭,6名成员中有3名是吉尔吉斯人。与此同时,工会组织也开始出现,如在比什凯克有工人和手工业者协会,在鄂什县有工人协会以及穆斯林工人和贫农协会。

遵照列宁《关于土地的法令》的指示,在吉尔吉斯地区,当地苏维埃政权也开始着手解决土地问题,把土地分给那些无地或少地的农民。如在普热瓦利斯克县,1918年4—6月,就曾把8万公顷的土地转交给了吉尔吉斯地区的许多农民。

随着十月革命的胜利和吉尔吉斯地区苏维埃政权的建立,吉尔吉斯地区劳动人民的生活开始发生巨大的变化,沙皇殖民统治已不复存在,资产阶级政权被推翻,吉尔吉斯地区出现了全新的社会主义生产关系,它对今后吉尔吉斯地区的政治和经济都产生了极为广泛和深远的影响。

随着苏维埃政权在中亚地区的建立,苏维埃政权遭到了反动势力的敌视。1917年11月,以塔内什巴耶夫为首的浩罕自治政府成立,其在纲领之中就宣布突厥斯坦实行自治,全部权力转交给自治政府。浩罕自治政府在英国的支持下,与奥伦堡的杜托夫白匪相勾结,并组织了巴斯马奇民族军,准备发动反苏维埃的军事暴动,但在1918年2月就垮台了。1918年4月20日,突厥斯坦苏维埃第五次代表大会在塔什干召开,决定成立突厥斯坦苏维埃社会主义自治共和国,加入俄罗斯联邦,吉尔吉斯地区的苏维埃政权也迅速行动起来,准备保卫苏维埃政权。许多当地的吉尔吉斯人、乌兹别克人、俄罗斯人都参加了红军。1918年夏秋之际,在维尔内和普热瓦利斯克成立了维尔内第二步兵团和七河第三步兵团。在比什凯克也成立了两个营,奔赴七河前线。而后又组建了由克孜尔基耶和苏留可特矿工组成的战斗部队,部队由 B. Я. 赫里普钦可和 3. 卡得罗夫指挥。

1918 年 7 月,巴斯马奇军队企图攻占鄂什,守城的费尔干纳第一团的 70 名志愿兵在当地居民的支持之下守卫城市,一直坚持到安集延地区的援军赶到,最终保卫了城市。在同巴斯马奇势力的较量之中,费尔干纳州的许多劳动者都参加了保卫苏维埃的军队。克孜尔基耶和苏留可特矿的工人和志愿军在粉碎巴斯马奇势力的斗争中做出了很大贡献。当时在今吉尔吉斯斯坦的鄂什县和贾拉拉巴德地区,巴斯马奇的势力比较集中,他们屠杀平民,破坏灌溉设施、工厂,阻止搬运棉花、收割粮食,赶走牲畜。这一切也激起了当地居民的强烈不满。在吉尔吉斯南部地区的里亚里克、乌孜干、萨鲁、纳纳衣、阿克苏诸乡,吉尔吉斯贫民奋起保卫自己的劳动成果,收割了粮食,防止被巴斯马奇抢劫。

1919 年春,国内战争进入转折时期。吉尔吉斯地区的布尔什维克在农民中做了大量的工作,他们中的许多人都加入了红军。比什凯克、托克马克、普热瓦利斯克和纳伦诸县党组织一半的成员都在七河地区的前线工作,由于党组织的辛勤工作,苏维埃军队的人数有了很大变化。1919 年春,比什凯克的苏维埃军队有 785 人,托克马克的苏维埃军队有 300 人,普热瓦利斯克的苏维埃军队有 562 人,纳伦的苏维埃军队有 110 人。

为了更好地组织打击国内白匪军和国外干涉者的斗争,1919 年 8 月 14 日,苏维埃政府专门组建了突厥斯坦方面军,其领导人是 M. B. 伏龙芝。在突厥斯坦委员会、突厥斯坦共产党等方面的共同努力之下,突厥斯坦地区的斗争取得了巨大胜利。1920 年中期,七河地区的白匪军势力基本被肃清,红军开始转入费尔干纳地区,同巴斯马奇分子交战。1919 年 8—9 月,

费尔干纳地区的马达明伯克和蒙斯特洛夫的巴斯马奇军队攻
占了鄂什和贾拉拉巴德,并开始向安集延进攻。安集延只有为
数不多的驻防军队,但他们将当地共产党员、工人等组织起来
共同守城。敌人多次进攻均被打退,在各地红军的援助之下,
经过两天的激战,进攻安集延的巴斯马奇分子被打败。1919 年
9 月 26 日,鄂什被红军夺回,4 天后,贾拉拉巴德城也获解放,
苏维埃政权又在这里恢复了。

　　1920 年 5 月 7 日,M. B. 伏龙芝对突厥斯坦红军发布了消
灭巴斯马奇分子的动员令。1920 年 6—8 月,巴斯马奇遭到一
系列重创,是年秋,巴斯马奇主要力量被消灭,其残余势力至
1923 年也被消灭。1920 年底,吉尔吉斯北部的反动势力又企
图推翻苏维埃政权。11 月 5 日晚到 6 日,纳伦县的巴依、玛纳
普和富农发动叛乱,其领导人是前沙俄旧军官 Д. 吉利亚诺夫。
布尔什维克党很快就平息了叛乱。在普热瓦利斯克有 182 名
共产党员参加了平叛,其中一半是吉尔吉斯人。托克马克和比
什凯克的许多共产党员和共青团员亦参加了平叛。1920 年 11
月底,纳伦县的叛乱也被平息,苏维埃政权重新建立起来。

　　1918 年 4 月,突厥斯坦苏维埃社会主义自治共和国在塔什
干正式宣布成立,吉尔吉斯人分居于该自治共和国的不同行
政区。

　　1924 年,中亚地区实行民族划界,俄共(布)中央委员会中
亚局对民族划界问题做了许多工作。1924 年 5 月 5 日,专门组
建了乌兹别克、哈萨克和土库曼 3 个分委会讨论有关问题,并
要求在 5 月 9 日前完成准备工作,关于吉尔吉斯的自治问题是
由哈萨克分委会负责的。1924 年 5 月 10 日,在关于建立乌兹
别克苏维埃社会主义共和国的问题上,乌兹别克分委会也做出
决定,划入乌兹别克苏埃社会主义共和国的地区包括费尔干纳

州,但此州中吉尔吉斯人占多数的地区不划入该共和国内。10月14日,俄共(布)中央委员会中亚局做出决定,成立卡拉吉尔吉斯自治州,属俄联邦。其地区包括:原七河州的卡拉阔里县、纳伦县和比什凯克县的绝大部分地区;锡尔河州的阿乌利阿塔县的一些乡;费尔干纳州的鄂什县,安集延、纳曼干、浩罕诸县的部分乡;还有帕米尔地区的东部部分地区。卡拉吉尔吉斯自治州下分为4个区:比什凯克区、卡拉阔里—纳伦区、鄂什区和贾拉拉巴德区,共75个乡。全州有6座城市,721个村,727个阿依勒;居民有近73.7万人,其中63.5%的居民是吉尔吉斯族,俄罗斯族的居民占16.8%,乌兹别克族的居民占15.4%,其他民族的居民占4.3%;全州总面积19.5万平方千米。为了对该州进行管理,还成立了卡拉吉尔吉斯自治州革命委员会,1924年12月,革命委员会由塔什干迁到了比什凯克(1926年改为伏龙芝,现已恢复原名),此后,比什凯克成为吉尔吉斯斯坦的首都。

1925年3月27日,吉尔吉斯自治州第一次工人、农民和红军代表苏维埃会议召开,会议选举出了该州第一位州执委会主席——吉尔吉斯人A.乌拉孜别克。1925年5月25日,全俄中央执委会决定把卡拉吉尔吉斯自治州改名为吉尔吉斯自治州,从此恢复了吉尔吉斯民族历史上的正确名称。1926年2月1日,全俄中央执委会主席团决定将吉尔吉斯自治州改名为吉尔吉斯苏维埃社会主义自治共和国,仍属俄联邦。1936年12月5日,成立吉尔吉斯苏维埃社会主义共和国,升格为加盟共和国。

1917—1920年的国内战争对吉尔吉斯地区的经济破坏非常严重,据统计,4年中纳伦县的牲畜存栏总数减少了63.4%,比什凯克减少了32.6%,无牲畜的牧民数量在增加。在农业生产领域,吉尔吉斯地区的谷物种植面积与 1913 年相比,也减少了 45%。

截至 1920 年,中亚地区的白军及巴斯马奇势力基本被肃清,从而开始了和平建设。1921 年,中亚地区开始实行新经济政策,并试行土地、水利改革。吉尔吉斯地区首先进行改革的是七河州的比什凯克、普热瓦利斯克诸县,锡尔河州的阿乌利阿塔县,费尔干纳州的贾拉拉巴德,等等。改革过程中采取了一系列措施,首先是解散所有的富农组织,把他们剥削来的大量财富归还给当地居民,并且不让他们对本地改革和当地政权施加影响。其次是将俄罗斯移民中多余的土地收回,撤销擅自设立的移民村落,并将所有收回的土地划归吉尔吉斯居民使用。截至 1923 年,有近 6000 名雇农或贫农得到了约 20 万公顷的可耕地;一些游牧户和半游牧户也开始在改革中走向定居生活。

改革过程中,农民协会组织也开始建立起来,无地和少地的农民协会"科什奇"(乌兹别克语,农民)在土地改革中起了重要作用。1921 年 4 月以前,在纳伦县、比什凯克县、普热瓦利斯克县出现了 47 个科什奇协会,其成员有 8000 多人,至 4 月底,仅比什凯克一县就有科什奇协会 74 个,成员近 9000 人。同年 6—7 月,比什凯克县劳动农民协会分会成员已超过 1.2 万人。吉尔吉斯地区的土地、水利改革给当地带来了很大变化,大批农民得到了土地,水利灌溉系统有了很大改善,可灌溉土地的面积也增加了。例如,仅 1923 年一年,吉尔吉斯地区的棉花种植面积就比上年增加了 2 倍。畜牧业同样也有了很大发展,建立了畜协会和畜牧业发展协会,牲畜存栏总数在苏俄内战后 5 年中增长了 34.8%。吉尔吉斯地区的农牧区中,封建氏族残余势力基本被消灭,沙俄时代遗留下来的殖民土地关系也被消灭。

吉尔吉斯地区的工业也有了较大的发展,在第一个五年计划(1928—1932)期间,政府用于工业的基本建设投资共 3500 万卢布(按 1955 年 7 月 1 日价格计算),在这几年中来自俄罗斯中部的工程师和技术人员有 300 多人。吉尔吉斯建立了几十座工厂、矿山,20 世纪 20 年代末,卡拉苏棉纺厂建成投产,伏龙芝砖厂也开工了,在伊塞克湖边还建立了锯木厂。吉尔吉斯的工业化发展最初阶段主要是发展棉花加工业、轻工业和食品工业。1926—1928 年,又建立了一些皮革厂、轧花厂、锯木厂、缫丝厂、糖厂、发酵厂、肉类罐头联合企业等。

1927 年,吉尔吉斯工业总产量在国民经济中所占比重为 11%,1932 年,其比重已达到 33.9%,工人数量也增加了 5 倍。第二个五年计划(1933—1937)的任务主要是建设新的工厂,掌握新的技术,提高劳动生产率,降低成本。国家在工业方面的投资共 1.51 亿卢布(按 1955 年 7 月 1 日价格计算),其中 63.2% 的资金用于发展重工业。1933 年工业总产值是 7350 万卢布,1937 年已达到 1.716 亿卢布(按 1926—1927 年的价格计算)。第二个五年计划期间建成 60 多座工厂、矿山。第三个五年计划(1938—1942)期间共投资 8.67 亿卢布,其中用于工业的投资共 2.63 亿卢布(按 1955 年 7 月 1 日价格计算)。"二战"前的 3 年半中,已建成 40 多家大型企业。1940 年,工业总产值在国民经济中所占比例已过半,达 50.2%。

吉尔吉斯苏维埃化的重要特点是农业改革,吉尔吉斯人从游牧生活逐渐习惯于集体农庄的生活方式,开始建设灌溉水渠。在农业改革的同时,吉尔吉斯还进行工业化改造,建立电站和水泥厂。吉尔吉斯当时属于落后地区,所以自 1932 年起,列宁格勒开始支援该地区。虽然大部分吉尔吉斯人已经进入工厂工作,但是苏联政府仍下令征集工人骨干。仅在 1930—

1931年,苏联政府就从俄罗斯联邦中部地区征集来了近6000名工人,还有一些顿涅茨克矿工。截至1939年,吉尔吉斯的工人达到了1.25万人,其中42.9%是俄罗斯人,14.9%是乌克兰人。此外,吉尔吉斯的科教、司法、文艺事业均有长足发展。

农业方面,吉尔吉斯开始了大规模的农业集体化运动。1927年底,吉尔吉斯地区有17.8万户个体农户,生产效率很低。由于十月革命前,吉尔吉斯地区的居民几乎90%都过着游牧生活,所以十月革命后,游牧居民定居化的过程逐渐加快。自20世纪20年代初开始,在土地、水利改革过程中,大量游牧户开始定居下来;20世纪30年代初开始实行农业集体化。国家设立专门机构领导农业集体化,许多农民都加入了集体化农庄。1927年,吉尔吉斯有132个集体农庄,共2873户农民;1933年,有集体农庄1700多个,其农户数占所有农户数的67%;1935—1938年,集体农庄农户数已占农户总数的70.8%;截至1938年,98%的农户加入了集体农庄。

自20世纪20年代开始,吉尔吉斯在文化、教育及社会制度方面均有全面的改进,使经济及社会快速发展。文化的普及使国内开始要求对语言进行规范化。在文化教育方面,苏维埃政权于1924年正式颁布了以阿拉伯字母为基础的吉尔吉斯文字母表,并进行了文字改革。1928年开始使用以拉丁字母为基础的新文字。1941年又改用以西里尔字母为基础的吉尔吉斯文。吉尔吉斯地区广泛开展了扫除文盲工作,1926年底,吉尔吉斯人中识字人数占比是4.7%,1935年,此比例上升到60%,1939年上升到70%。卫国战争(1941—1945)前,吉尔吉斯地区的普通中小学校有1754所,在校学生人数为31万,其中吉尔吉斯族学生有16万多人。1933年,吉尔吉斯地区开办了第一所正规的高等学校——吉尔吉斯兽医学院,后来改建为农学院。1939 年又成立了医学院。① 之后还建立了许多教育学院、师范学院,为本地培养了大批建设人才。

1941 年 6 月,德国法西斯对苏联发动了进攻,苏联卫国战争爆发。当时苏联的西部、中部地区变为前线战场,中亚地区则成为苏联的一个大后方。

卫国战争期间,吉尔吉斯的工厂、集体农庄、国营农场为前线提供了大批食品和各种物资。农村中许多青壮年劳动力都上了前线,许多妇女肩负了农业劳动的重任。1941 年 11 月,有 3809 名妇女从事农业生产劳动,其中有 3193 人担任拖拉机手,616 人任康拜因(联合收割机)手。由于农村妇女参加了劳动,农作物收割任务短期内就完成了。1941 年吉尔吉斯集体农庄和国营农场上缴的粮食、棉花、肉类要比战前的 1940 年高出许多。在吉尔吉斯地区和哈萨克斯坦地区出生的青壮年男子参加军队,组成 316 步兵师,由 И. В. 潘菲罗夫领导。吉尔吉斯适龄入伍青年组建了第 385 师、第 4 师、第 40 师、步兵旅和几个骑兵师。大批劳动居民被动员到工业建设中来,工人总数从 1940 年的 3.6 万,增长到 1945 年的 4.6 万。战争期间吉尔吉斯工业总产值与战前的 5 年相比提高了 22.2%,增长最快的是机器制造业和金属加工业,工业在国民经济中的比重为 67.5%(1940 年为 50.2%)。

战争期间,苏联把中西部许多地区的工厂疏散到吉尔吉斯,这对完善吉尔吉斯的工业结构起了一定作用,尤其是对机器制造业和金属加工业的发展,起了重要的推动作用。在战争期间从苏联西部迁移来的企业基础上建立的工厂主要有比什凯克针织厂,纳伦、鄂什、塔拉斯等地的缝纫厂、制革厂,新特罗

---

① 王沛:《中亚四国概况》,新疆人民出版社,1993 年,第 151—152 页。

伊茨克糖厂、托克马克糖厂、水果罐头厂和别洛沃德糖厂，等等。战争初期，莫斯科、列宁格勒前线有大批工人、集体农庄成员被疏散到了吉尔吉斯，许多人都被安排了工作。

卫国战争时期，苏联科学院的遗传学、生物化学、生物学、进化形态学等研究所也迁移到了吉尔吉斯，吉尔吉斯的科研机关与这些研究所共同承担了许多对巩固国防、发展国民经济具有重要意义的研究课题。1943年8月13日，苏联科学院吉尔吉斯分院在伏龙芝正式成立。

1946—1950年，苏联整个国民经济处于恢复时期。1946年8月，吉尔吉斯共和国苏维埃通过了《关于共和国1946—1950年国民经济重建和发展的五年计划（"四五"计划）》，开始战后国家经济的恢复和发展。共和国投入了大量的资金及人力、物力来发展经济，通过各族人民的努力，在战后的恢复期中，吉尔吉斯的经济建设取得了巨大成就。1948年，共和国重工业产量与1940年相比增加了4倍，重工业在国民经济中所占的比重也从9.6％提高到31.4％。第四个五年计划的各项指标都基本上提前完成，工业产品的生产量每年平均增长11.2％，煤的产量与1945年相比增长了30.7倍，石油产量增长了1.3倍，金属切削车床的生产量5年之中增长了4.6倍。1950年的工业产值比1940年增长115％，其增长幅度远远高于全苏联的平均水平（73％）。1948年底，吉尔吉斯各类牲畜的头数已经超过了战前的水平，农作物的种植面积在5年之中增长了14％，集体农庄的现金收入5年之中增长了1.3倍。与此同时，吉尔吉斯的职工总人数也有了较大幅度的增加。1922年，吉尔吉斯的职工总人数为1.7万人；1950年，职工总人数已增加到了24.9万人。应当说，在1946—1950年的战后恢复时期，吉尔吉斯的经济在各个方面都发展得比较迅速，其迅速恢复和发展,除因战时苏联欧洲部分的一些工厂及大量技术人员迁入吉尔吉斯外,也是与吉尔吉斯当地人民的努力分不开的。

20世纪50年代中期至1964年是苏联历史上的赫鲁晓夫执政时期,这一时期进行了一系列政治和经济改革。赫鲁晓夫对高度集中的经济管理体制进行了改革,实行以地区为主的经济管理体制,扩大了加盟共和国的立法和经济管理权限。正是在这种背景之下,吉尔吉斯的经济有了迅速发展。

吉尔吉斯的机器制造业在战后进入了一个新的发展阶段,其特点是不仅发展速度快,而且完善了部门结构,研制了许多复杂的机器、仪表等。1941—1960年,苏联的机器制造业总产值增长了8倍,而吉尔吉斯则增长了26.2倍。1933年,吉尔吉斯有色冶金工业总产值在整个工业总产值中只占0.3%,而到了1965年则上升到了3.1%。煤炭工业得到了进一步发展,1955年开始采用康拜因采煤机采煤,用这种采煤机采煤的量占当时总采煤量的18.2%。1960年又开始建设露天煤矿,1962年矿井采用了浅灌采煤康拜因和成套采煤设备,在中亚第一次实现了回采工作,而主要生产过程也实现了全盘机械化。采油工业也有了很大发展,1958年,吉尔吉斯的原油产量达到49万吨,创造了历史最高纪录。

1955—1960年,吉尔吉斯开始发展了水泥工业,生产装配式钢筋混凝土构件、装饰板等。轻工业的发展也比较快,1960年的轻工业总产值比1940年增长4.2倍。到1965年底,轻工业固定资产比1940年增加1倍,劳动基金装备率提高了42%。同时食品工业生产量大幅度增加,1950—1960年,吉尔吉斯对食品工业的投资比上一个五年计划增加了70%,从而保证了吉尔吉斯食品工业的高速度发展,新建了许多糖厂、肉联厂等。

由于赫鲁晓夫执政时期强调开发苏联东部地区的自然资

源,所以在中亚五国各种原料的生产部门是重点发展部门,这也导致中亚各国经济结构的畸形化倾向。在这一时期,吉尔吉斯虽然经济有了很大发展,但仍是以原材料为主的生产国,如其有色金属资源丰富,主要有锑、汞、铅、锌、钨、砷、锡、铀等矿物,这些矿藏的开发,对苏联的建设起了重大作用。此外,在这一时期,吉尔吉斯的工业建设中,原材料生产部门为主要投向,如1963年吉尔吉斯的工业固定生产基金总额中,燃料制造所占比重为27.1%,仅次于土库曼斯坦;电力所占比重为15.1%,在中亚5个加盟共和国中位居第四。

这一时期吉尔吉斯的农业也有了一定发展,粮食产量从1950年的43.3万吨增长到1960年的75.4万吨,粮食作物的单产由1928年的每公顷9.7公担增长到1964年的每公顷12.3公担。

1964年10月,勃列日涅夫开始执政。赫鲁晓夫时期形成的中亚经济的畸形化发展并未得到改变,反而变得更加严重。从20世纪70年代到80年代初,整个苏联的经济处于停滞不前的状态,吉尔吉斯的经济状况也大致如此,虽然在其经济发展过程中,有一些部门的发展仍然较快,但从总的趋势来看,吉尔吉斯的经济也处于衰落趋势。

1960—1979年,吉尔吉斯国民收入总增长为312.2%,年均增长速度为6.2%;工业产值总增长为568.9%,年均增长速度为9.6%;农业总产值总增长为197.1%,年均增长速度为3.6%。看起来整体经济增长速度较快,但实际上,这与该国的经济发展起点较低,以及国家对经济发展的投资数额较大有很大关系。即使如此,吉尔吉斯人均国民收入也低于苏联人均国民收入。1985年,苏联人均国民收入为2037卢布,吉尔吉斯仅为1429卢布。1973年,吉尔吉斯的人均工业产值仅相当于苏联的 69.6％。20 世纪七八十年代以来,吉尔吉斯的国民收入和工农业产值年平均发展速度都呈现出下降趋势。如吉尔吉斯的国民收入总值年平均增幅,1960—1970 年为 108％,1970—1980 年为 104％,1980—1985 年仍为 104％;工业产值年平均增幅,1940—1970 年为 110％,1970—1980 年为 107％,1980—1985 年则为 105％;农业产值年平均增幅,1940—1970 年为 104％,1970—1980 年为 104％,1980—1985 年则为 102％。

与此同时,在经济建设中,还存在着许多问题,如整个国民经济中的损失浪费现象严重,各部门的生产效率或经济效益不高,等等。1970—1980 年,吉尔吉斯的工业劳动生产率仅增长43％,农业劳动生产率仅增长 7％,均大大低于苏联平均增长速度,在苏联各加盟共和国中分别排在倒数第 4 位和倒数第 2位。此外,工业、农业、运输和建筑等各个行业都存在着很大的非生产性损耗,如生产不协调、生产设备的使用不够均匀,以及劳动纪律比较松弛等。

在农业生产方面,其发展也呈现出下降趋势,谷物种植面积从 1950 年的 70.5 万公顷下降至 1985 年的 53.3 万公顷。粮食产量一开始有较大的增长,1960 年为 75.4 万吨,截至 1989年增长到 164.48 万吨,但到 1991 年又下降至 130 万吨,且1991 年的粮食产量比 1990 年下降 9％。1980 年以来,共和国人均水浇地面积也在减少,共减少 0.017 公顷。在畜牧业方面,1980 年每人平均占有的羊只数量为 2.83 只,1985 年则下降为 2.63 只。1980—1985 年,羊只总数从 1014.3 万只增加到1046.04 万只,年平均增长率为 0.62％。但 1984 年与 1980 年相比,吉尔吉斯人均肉类产量减少了 1 千克。

同时,吉尔吉斯的人口增长较快。1984 年 1 月 1 日至1985 年 1 月 1 日,吉尔吉斯新增人口 10.1 万人,自然增长率为

26％。增长速度大大超过苏联平均水平。人口的增加也带来了就业问题并导致人均住宅面积的减少。

在第二次世界大战期间,吉尔吉斯人民英勇抵抗侵略,有的奔赴反法西斯斗争的前线,有的在后方积极支援,为反法西斯战争的胜利做出了巨大贡献。在战后恢复时期,吉尔吉斯政府加大投入发展经济,提前完成了"四五"计划(1946—1950)各项计划指标,人民生活水平显著提高。截至1988年,吉尔吉斯的政治、经济和文化都在协调发展。但到了1990年,吉尔吉斯出现了政治、经济危机,社会不安定因素增多。1990年6月,在奥什地区的吉尔吉斯人与乌兹别克人发生了冲突。1990年12月15日,吉尔吉斯共和国最高苏维埃发表国家主权宣言,同时将国名由吉尔吉斯苏维埃社会主义共和国改为吉尔吉斯共和国。

迎来独立——吉尔吉斯共和国

　　1991 年"八一九事件"后,苏联政局动荡,各加盟共和国纷纷要求独立,苏联名存实亡。1991 年 8 月 31 日,吉尔吉斯共和国最高苏维埃第六次临时会议通过了国家独立宣言,宣布吉尔吉斯共和国(即吉尔吉斯斯坦)为独立的享有主权的民主国家,其领土不可分割,其境内只有本国宪法有效。宣言声明,吉尔吉斯斯坦承认国际法准则,遵循各国之间友好合作的原则,履行它所承担的国际义务。1991 年 12 月 21 日,吉尔吉斯斯坦作为创始国之一加入独联体(独立国家联合体)。

　　独立后,新生的吉尔吉斯斯坦在曲折中逐渐完善国家制度。1991 年 10 月 12 日,共和国科学院院长阿卡耶夫当选为独立后的吉尔吉斯斯坦首任总统。1993 年 5 月 5 日,吉尔吉斯斯坦通过独立后的第一部宪法,规定吉尔吉斯斯坦是建立在法制、世俗国家基础上的主权单一制民主共和国,实行立法、司法、行政三权分立,总统为国家元首。1993 年 5 月,吉尔吉斯斯坦货币"索姆"开始发行,索姆以 1 比 200 的兑换率取代卢布。20 世纪 90 年代初,吉尔吉斯斯坦的通货膨胀率居高不下,1992 年为 360%,1993 年增长到 470%,1994 年出现缓和,降至 90%。截至 2006 年,通胀率维持在 10%左右。

　　吉尔吉斯斯坦和哈萨克斯坦一样,独立前就已仿照西方的政治体制模式建立起了立法、司法和行政的三权分立制,但运行并不顺利。政府和议会在国家的各种大政方针问题上时时掣肘,冲突不断发生。

政府的第一次危机可以说是新旧观念较量的结果。独立以后,政府制定了对外开放的经济政策,其中一个重大举措是与加拿大公司签订了共同开发吉尔吉斯斯坦黄金矿产的协定。然而,这一协定遭到了社会各界的激烈反对,人们指责政府出卖国家利益,对加方的让步太多,要求政府下台的呼声很高。无奈之下,该届政府只好提交辞呈,并得到阿卡耶夫总统的批准。这是第一次政府危机。

第一届政府垮台后,政府与议会间的斗争又起,双方对造成独立后国家严重的政治、经济和社会危机的责任互相推诿。尽管议长否认吉尔吉斯斯坦已形成与总统对立的反对派集团,称他自己也不是反对派的领袖,并称他与总统关系良好,但议会的《自由之山》报多次刊登文章,对总统和政府的现行政策提出尖锐批评。阿卡耶夫总统认为这是在蓄意诽谤国家和政府领导人。1994 年 8 月 24 日,吉尔吉斯斯坦总检察长根据上述基调,对《自由之山》报提出指控,称该报的文章有诋毁国家首脑声誉和破坏其威望的言论。比什凯克五一区法院就此案进行了为期 4 天的公开审判,但议会和报社的代表在第一天就认为法庭唯总统意志是从,在宣布不信任法庭和总检察长后愤而离去。法庭在议会和报社代表缺席的情况下做出了《自由之山》停刊的判决。报社编辑随即发表声明,说他们"没有正式的法院判决书,不知犯有何罪",认为判决是对议会的报复,甚至是对国内出版自由的"报复行为",宣布判决无效,并保留向上一级法院,直至宪法法院或国际法律组织上诉的权利。其他一些报刊也认为这是扼杀新闻出版自由的信号,某些政党代表也表示了同样的忧虑,因而联合起来一致反对这一判决。

基于此背景,1994 年 9 月 5 日,阿卡耶夫总统发布命令,接受 1993 年 12 月建立的第二届政府提出的辞职声明,宣布年内提前选举新议会,同时规定在新议会和新政府组成之前,现政府仍须履行总统委予的全部职权。这实际上是解散了议会,使国家政治生活陷入了既无立法机构,又无合法执行机构的特殊时期,于是,第二次政治危机开始了。

在第二届政府的辞职声明中,政府对现议会的活动进行了极为消极的评价,认为议会已成为玩弄政治阴谋的场所,而且实际上已停止履行职责,因为在 320 名代表中已有 165 人于政府辞职前宣布不再参加议会的会议。

这次危机的焦点问题是关于实行一院制还是两院制议会之争。在斗争中有 105 名人民代表发表联合声明,认为议会及其追随者已使议会成为可疑的政治阴谋的发源地,要求提前解散并代之以两院制的立法机构,敦促修改宪法有关条款,并呼吁就这些问题尽快举行全民公决。在 105 名签字者中间有 4 个州长(该国共有 7 个州),包括南部最大的奥什州州长。但奥什州人民代表的意见与该声明有严重分歧。他们在致总统和议会的信中反对建立两院制议会,认为"它会破坏目前三大权力机构之间的平衡,使建立职业性立法机构的设想化为乌有"。他们指出:"两院制议会一般适用于联邦制国家,而对统一的吉尔吉斯斯坦来说是不重要的,要求议长和宪法的保证人——总统不要给按地区来分裂共和国的思潮开绿灯。"实际上,议会制度之争是吉尔吉斯斯坦南北两大地区由来已久的政治权力斗争的表现。某些政治家认为,两院制议会将打破目前高层权力分配的平衡和削弱"南方派"的力量,从而会促使两大地区政治力量进一步分化,联邦制思潮复苏,这将成为威胁国家领土完整,影响南北地区协调发展的重大隐患。对于这一问题,阿卡耶夫总统宣称当局主张"人民的意志高于一切",如果人民反对建立两院制议会,那么就依据宪法规定选举一院制议会。反之,如果人民拥护两院制议会,各级行政领导将被选入"立法会议"(上院),而法律、经济、政治领导和专家、记者、工商业代表,以及政党、社会团体的代表将被选入"人民代表会议"(下院)。1944年10月22日,吉尔吉斯斯坦结合地方代表机构的选举,就修改宪法和议会体制问题举行全民公决,结果坚持两院制的主张获胜,不久又根据这一结果选举产生了新的议会。这样,吉尔吉斯斯坦的第二次政治危机就平息了。

　　危机虽然过去了,但造成危机的根源并没有彻底清除。以下几种因素仍是不稳定的潜在动因:①政府和议会之间的矛盾仍有可能爆发,虽然建立了两院制议会,但议会权力仍然较大,从而对总统和政府的权力形成有力的牵制;②社会舆论和政党政治不成熟,社会舆论往往为报纸和个别政治组织所操纵,对政府的施政造成不利影响;③地区之间,特别是南北两大地区之间的权力之争仍在继续,如果任其发展,前途堪忧。

　　鉴于上述情况,阿卡耶夫总统开始对独立以后的新政治体制进行反思。在第二次政治危机中他就指出,为了推动经济改革的深入发展,吉尔吉斯斯坦需要建立可靠的法律基础,需要强有力的机构充当这些法律的直接制定者和执行者,由此可以看出,他已经意识到了加强权力,特别是执行权力的必要性。阿卡耶夫总统的结论是:"美国和西欧的民主生活方式,现在和今后一段时间都不是吉尔吉斯斯坦可以照搬的模式。"

　　由于思想发生了上述变化,阿卡耶夫总统就着手在执政的实践中构筑新的权力结构,核心是加强总统的权力。就在此时,邻国的政局变化为他提供了很好的契机。1995年8月30日,哈萨克斯坦总统纳扎尔巴耶夫在为修改宪法而举行的全民公决中获得了89.07%的支持率,从而在很大程度上加强了自己的权力基础。这一事实更加坚定了阿卡耶夫总统改变现有权力结构的决心。

1995年12月24日,吉尔吉斯斯坦举行总统选举。这次选举实际上起到了对选民的政治倾向进行火力侦察的作用。阿卡耶夫总统获得成功,75%的选民支持他连任。这样,他便能与其他中亚国家的总统一样,顺利地执政到20世纪末。

总统选举的获胜使阿卡耶夫总统信心大增。于是1996年初,他启动宪法改革,将扩大总统权力的问题诉诸全民公决。结果令人振奋,有94.5%的公民在全民公决中赞成扩大总统权力,阿卡耶夫总统又一次轻易取胜。

修改后的宪法就总统和议会的权力做了如下规定:总统有权提前召开立法会议和人民代表会议并确定会议的主题;有权驳回议会通过的法律草案;有权提出全民公决,或根据30万以上选民的提议,或根据最高会议多数代表的提议举行全民公决;总统有权指定中央选举委员会或全民公决委员会的主席及1/3的委员,以及审计院主席及1/3的听审员;有权根据全民公决的结果3次否定关于总理的提名,或因议会与国家其他政权机构发生不可调和的矛盾等情况而解散议会。总统的权力扩大了,议会的权力自然就要缩小,主要表现是:①议会两院互相牵制,从而达到限制其权力的目的。议会两院分别称为立法会议和人民代表会议,前者作为常设机构代表全国利益,后者代表地方利益。在涉及税收、金融和关税调整、银行活动、批准或否决国际条约等问题时,如果人民代表会议未以半数以上票数通过立法会议的提案,那么立法会议必须以2/3以上的票数重新做出决定。同样,在涉及批准国家预算和决定行政区划等问题时,如果立法会议没有通过人民代表会议的提案,那么人民代表会议要以2/3以上的票数重新做出决定。这样,阿卡耶夫总统就把 1994 年 10 月全民公决中出现的两院制议会这一不利于集权的因素变成了有利因素。②取消了议会制定国家内外政策基本方向、组织选举委员会和全民公决及确认政府组成体制的权力,这些权力移交总统。两院都只能选举产生 1/3 的中央选举委员会委员和 1/3 的审计委员会听审员。③两院议员都不能担任国家公职,立法会议的议员无权从事经营活动。④议会实际上无法弹劾总统。新宪法规定,弹劾总统的提议必须由立法会议的多数议员提出,在立法会议专门委员会所做结论的基础上,经立法会议 2/3 以上议员通过。人民代表会议在收到立法会议弹劾总统的提案后须在 2 个月内由 2/3 以上的多数议员对之做出决议,若人民代表会议在 2 个月以内未做出决议,则表明该提案未被通过;若弹劾总统的提议被宪法法院驳回,则立法会议要自行解散。

通过 3 次政治危机,阿卡耶夫实现了修改宪法、削弱议会、集权于总统的目的。

吉尔吉斯斯坦一独立,就仿照俄罗斯实行了激进的经济改革,试图采取一系列"休克疗法"把国家经济快速纳入市场轨道。1992 年 1 月 3 日,吉尔吉斯斯坦内阁通过决议,规定把受供求影响所形成的自由(市场)价格应用于生产技术性产品、民用消费品、工程和劳务。同时,对农产品的收购也采用自由(市场)价格。改革的初期通常不会一步到位放开民用消费品价格。而对农产品的收购采用市场价格的措施表明,食品的价格亦走向了市场化。

1992 年 1 月 17 日,《吉尔吉斯斯坦言论报》公布了 1991 年 12 月 20 日阿卡耶夫总统签署的《关于吉尔吉斯斯坦非国有化、私有化和企业主活动总则法》。数日后,阿卡耶夫又签署并发布了《关于加速共和国国家和公共财产非国有化和私有化的紧急措施》,规定国家财产管理委员会、支持企业家活动委员会与各部和国家委员会在 1992 年 2 月 10 日之前共同修改共和国1992 年国家和公共财产非国有化和私有化计划,以及有关部门的计划;共和国国家经济委员会与各部和国家委员会在 2 月 10日之前共同编写出亏损企业、未完工程项目名单并拟定私有化进度表;共和国国家土地改革委员会、农业和粮食部及地方国家行政机关长官要保证有条不紊地在有关规定的时期内进行农业企业私有化等。根据上述决议和命令,吉尔吉斯斯坦拟定的私有化方案如下:将 80％的商业企业、90％的生活服务业,以及 30％—40％的工业企业转为私有制。农业私有化进程快速推进,到 1992 年 2 月,有的地区已有一半农场和农庄变成了合作农场或私有农场。如此快的速度只有之前苏联的农业集体化可与之相比。

虽然政府改革的决心很大,速度也非同寻常,但由于独立后的吉尔吉斯斯坦与独联体其他国家的经济联系遭到破坏、自身应对危机的能力弱等,该国的经济从一开始就陷入持续不断的衰退之中。为了遏止经济的下滑,摆脱日益严重的危机,吉尔吉斯斯坦政府制定了 1994—1996 年经济改革方案,主要内容如下:

①加快经济体制改革的速度,大力培育市场经济,健全市场机制和竞争机制,减少国家行政干预,取消国家指令性订货,产品供需挂钩,实行市场调节,促进宏观经济稳定发展。大力推行土地私有化,鼓励兴办家庭私有农场和牧场。

②优化产业结构,加快企业的技术改造,优先发展并扶持重点行业和企业,支持农业和食品加工业,逐步实现粮、棉、油及主要副食品的自给;加强能源燃料工业,大力发展水电;发展矿藏的开采和加工,实现黄金开采计划,发展电子和微电子等

高新技术产业;大力加强旅游和交通运输业的发展。

　　③稳定金融财政,严格控制货币发行量,使索姆与美元挂钩。稳定和平抑物价,逐步降低通货膨胀率;加强税收征管。

　　④建设强有力的国家行政和经济管理机制,精简政府机构,裁减人员,提高行政效率;加强反腐败斗争,严禁国家公务人员经商;加紧培养人才,实现新老干部的顺利交替。

　　⑤引进新设备、新技术和新工艺。强化出口产品和进口替代产品的生产;改善银行信贷和关税政策,建立进出口信贷银行,逐步取消进出口许可证制和进出口关税;改善投资环境,大力吸引外国投资。根据已制定的涉外法规,为外国投资者提供优惠。简化出入境手续,加强同独联体国家和中国的经贸往来,使吉尔吉斯斯坦成为连接东西方的纽带。

　　上述措施均为宏观性的战略性措施,需要制定具体的实施步骤,因而这些措施要发挥作用尚需时日,而且各级政权机构能否认真贯彻也是一个疑问。事实上,上述措施的出台并未能扭转经济的危机局面。1994 年,吉尔吉斯斯坦的各项经济指标继续大幅度下跌。上半年工业产值为 32.05 亿索姆,比 1993 年同期下降 31.8%。工业产值的大幅度下降,使社会和生活环境严重恶化。

　　独立以前还居高不下的出生率开始降低,而死亡率则呈上升趋势。与此同时,大量的俄罗斯人迁往他国,影响着居民的民族结构。1994 年上半年吉尔吉斯斯坦人口总数自然增长了3.76 万,而上年同期为 4.24 万,下降近 12%;上半年移民总数为 4 万人,导致人口总数下降 3.01%。随着经济危机的加剧,失业率大幅度上升,有 1.9 万人被解雇,另有 9 万人"自愿"放弃了工作。5 月份的平均工资为 195.5 索姆,比 4 月上浮1.7%,但实际下降 2%。1994 年上半年每月最低消费为 369.5

索姆,与 1993 年 12 月相比上涨了 59％,居民的实际收入下降了 25％,工资的 60％用于购买面包、土豆和白糖。在独联体和中亚,吉尔吉斯斯坦的经济改革措施深受国际货币基金组织和世界银行的赞许,其放开物价、紧缩银根(当市场需要的货币少而流通量大时,银行采取一系列措施减少货币的流通量,称为紧缩银根)、贸易自由化等激进举措都是在国际货币基金组织的指导下实行的。但是,正如事实所表明的那样,这些举措并不适合吉尔吉斯斯坦国情,1995 年形势依旧未见好转,5 月份就有 100 多家大中型企业停产,100 多家企业完全丧失了支付能力。

1995 年 7 月的一次政府扩大会议上,阿卡耶夫总统指出,吉尔吉斯斯坦正面临着 5 个重大危机,即预算危机、支付危机、能源危机、拖欠贷款危机和社会危机。吉尔吉斯斯坦要摆脱经济危机还需走一段较长的路程。

苏联解体时,吉尔吉斯斯坦还是一个只有 400 多万人口的小国,工农业不发达。因此,对独立以后的吉尔吉斯斯坦而言,养活一支军队既无可能也无必要,而继承固有的安全关系则为上策。俄罗斯为了维持在中亚地区的战略地位,也乐于为其提供安全保障。这样,驻扎在吉尔吉斯斯坦境内的原苏联军队就变成了吉尔吉斯斯坦国防的中坚力量。1992 年 2 月 14 日,总统阿卡耶夫对《苏联军人》杂志记者说,吉尔吉斯斯坦不参加任何军事集团,不想建立军队,也不想把驻扎在吉尔吉斯斯坦的原苏军及其财产收归国有,只想建立一支人数不超过 1000 的共和国卫队维护治安。这表明了吉尔吉斯斯坦在安全问题上的基本政策。1994 年 6 月 26 日,阿卡耶夫总统再次向俄罗斯记者表明了同样的观点,他说吉尔吉斯斯坦需要俄罗斯的核保护,同时也要依靠美国。

1994 年 7 月 21 日,吉尔吉斯斯坦国防部部长苏巴诺夫与俄罗斯国防部部长格拉乔夫在莫斯科签署了一系列有关军事合作的文件,这些文件包括俄公民在吉尔吉斯斯坦武装力量中服役的办法及这些军人地位的协定,为吉尔吉斯斯坦境内的俄军提供物资技术保障和生活、商业服务办法的协定,以及关于在两国的军用机场上组织接机、提供机场技术服务和警卫飞机的协定。两国签署的上述军事合作协定可以说是两国固有安全合作关系的进一步深化和具体化,也是两国在军事领域不断向一体化迈进的表现。上述事实说明,只要俄罗斯对中亚的军事战略不发生变化,吉尔吉斯斯坦以俄罗斯为中心的安全政策仍将持续下去。

从吉尔吉斯斯坦短暂的外交历程来看,由于各种因素的制约,它把同俄罗斯和中亚邻国的关系始终置于外交政策中的优先地位,同时又在各方之间寻求平衡,如:在发展同俄罗斯的关系时重视美国的作用;在同乌兹别克斯坦的交往中又念念不忘北面的哈萨克斯坦;在面临塔吉克斯坦的战火威胁时又倚重俄罗斯与中亚几国的整体优势。这些行为处处表现出一个小国在周围大国环绕中的无奈。

吉尔吉斯斯坦在开展外交活动的初期很重视美国对独联体国家的作用。阿卡耶夫在 1991 年 10 月当选总统后,出访的第一个国家就是美国,访问期间与当时的美国总统布什就苏联局势和吉美关系等重要问题进行了磋商。苏联解体后,美国把吉尔吉斯斯坦列为对独联体国家开展工作的重点之一。吉尔吉斯斯坦独立以后,阿卡耶夫总统在 1992 年 2 月 14 日第一次明确地阐述了本国外交政策,他说,吉尔吉斯斯坦将奉行中立政策,既不偏向东方,也不偏向西方,更不参加任何军事集团。阿卡耶夫总统还时时把吉尔吉斯斯坦同山国瑞士相比,认为瑞士的发展道路值得仿效。他在 1992 年访华前回答新华社记者提问时指出,吉尔吉斯斯坦外交政策的任务"仅在追求经济利益和人道利益,而不追求军事利益,也不追求宗教利益和意识形态利益"。

"追求经济利益"也许可以收到一定的效果,但"奉行中立政策""不参加任何军事集团"只能是一种愿景。首先,阿卡耶夫总统已声明,不把驻扎在吉尔吉斯斯坦的原苏军及其财产收归国有,这就在事实上把吉尔吉斯斯坦置于俄罗斯的保护下,于是"中立"之说便失去了根据。1994 年 6 月 26 日,阿卡耶夫总统又公开声称,吉尔吉斯斯坦需要俄罗斯的核保护伞,可以将此视为与俄罗斯结为同盟的宣言。其次,1994 年,哈萨克斯坦、乌兹别克斯坦和吉尔吉斯斯坦三国正式签署《建立统一经济空间条约》,成立了一个地区性的经济军事同盟,这事实上打破了"不参加任何军事集团"的承诺。再次,吉尔吉斯斯坦不仅要在军事上寻求俄罗斯的保护,在政治方面也把俄罗斯视为最重要的盟友。最后,吉尔吉斯斯坦还把经济复兴的希望寄托在与俄罗斯的经济合作上面。阿卡耶夫总统指出,吉尔吉斯斯坦的工业是在苏联时期发展起来的,因而振兴工业的途径便是同俄罗斯合作,为此,双方已经签署了恢复和改造吉尔吉斯斯坦工业企业的一揽子协定,谈到同西方的合作时,他则说,西方虽然在提供帮助,但西方在很大程度上只关注向吉尔吉斯斯坦销售产品,而对发展吉尔吉斯斯坦的工业则不感兴趣。

综上所述,在发展外交关系时,吉尔吉斯斯坦无论在军事、政治领域,还是在经济合作方面,都把俄罗斯放在最重要的位置。在与俄罗斯及独联体其他国家交往的同时,吉尔吉斯斯坦也把发展同伊斯兰国家的关系作为开拓外交空间、摆脱经济困难、平衡与独联体国家关系的重要一环。这种关系在苏联解体后很快就展开了。1992年2月16—17日,吉尔吉斯斯坦应邀派代表参加了在德黑兰召开的"中西亚国家经济合作组织"首脑会议,并被接纳为正式成员国。吉尔吉斯斯坦还尤其重视与土耳其的关系。1992年1月,双方就签订了《友好合作协定》《经济、贸易合作协定》《比什凯克市与伊兹密尔市友好关系条约》,以及两国互换领事代表的议定书等文件。

吉尔吉斯斯坦的外交具有平衡性特点,但由于国小势弱,平衡更乏力度,因此完全可以有理由说,吉尔吉斯斯坦的外交轴心在可预见的将来仍将是俄罗斯。

从20世纪90年代初开始,吉尔吉斯斯坦政府开始打击南部边界的恐怖主义活动。1999年,爆发了巴特肯事件,起因是乌兹别克斯坦伊斯兰运动的武装分子想从塔吉克斯坦经过吉尔吉斯斯坦去乌兹别克斯坦。2001年,借阿富汗战争之机,美国空军在吉尔吉斯斯坦的玛纳斯机场建立军事基地,这也是美国在中亚最大的空军基地。美军于2014年撤出吉尔吉斯斯坦。

2005年3月24日,吉尔吉斯斯坦政局发生动荡。2005年4月4日,阿卡耶夫正式签署辞职声明,宣布从4月5日起辞去总统职务。吉尔吉斯斯坦建立了新民选政府,新任总统为库尔曼别克·巴基耶夫,但他并没有很好地稳定国内局势。

2010年是吉尔吉斯斯坦新时期历史上不安定的一年。4月7日,吉尔吉斯斯坦首都比什凯克市发生大规模骚乱,反对派举行示威游行,要求总统库尔曼别克·巴基耶夫辞职。他们攻占议会大楼,打伤总检察长。4月8日凌晨,反对派示威者占领了总统府。此后,吉尔吉斯斯坦组建了以萝扎·奥通巴耶娃为首的临时政府。

2010年6月27日,吉尔吉斯斯坦进行了全民公投,确立萝扎·奥通巴耶娃为过渡时期临时总统,并颁布了新宪法。吉尔吉斯斯坦国内局势得到了暂时稳定,国民经济逐渐复苏。2011年 10 月 30 日,吉尔吉斯斯坦重新进行了总统大选,阿尔马兹别克·阿塔姆巴耶夫以 62.52% 的得票率从 16 位候选人中胜出,当选为总统,任期为 6 年。2017 年 10 月 15 日,吉尔吉斯斯坦举行总统选举,全国约有 169 万名选民投票。索隆拜·热恩别科夫在首轮投票中以 54.77% 的得票率获胜,成为新一任吉尔吉斯斯坦总统,任期 6 年。2021 年 1 月 20 日,吉尔吉斯斯坦中央选举委员会召开会议,确认萨德尔·扎帕罗夫当选为总统。现任总统于 2021 年 1 月 28 日宣誓就职。

吉尔吉斯斯坦目前的行政区划是从苏联时期沿袭下来的,全国共划分为 7 个州和 2 个市,7 个州分别是纳伦州、伊塞克湖州、贾拉拉巴德州、奥什州、楚河州、巴特肯州和塔拉斯州;2 个市分别是首都比什凯克市和奥什市。州下设区,区内设所管辖的市、镇和村。

纳伦州位于吉尔吉斯斯坦东南部,占据内天山谷地和坡地,是吉尔吉斯斯坦境内面积最大的州,该州行政中心是纳伦市。纳伦州北部与楚河州相邻,西部与贾拉拉巴德州和奥什州相邻,东部同伊塞克湖州交界,南部和中国交界。该州始建于1939 年 11 月 27 日,当时名为天山州。1962 年 12 月 20 日,该州被撤销。1970 年 12 月 11 日,纳伦州恢复建制。1988 年,吉尔吉斯苏维埃社会主义共和国重新进行区域划分,将纳伦州与伊塞克湖州合并。1990 年 12 月 14 日,纳伦州与伊克塞湖州分开,恢复为纳伦州。纳伦州的主要运输方式是公路运输。20 世纪 30 年代中期前,该州境内只有一条 19 世纪末修筑的柯奇科尔—纳伦干道。比什凯克—吐尔尕特公路的修通把纳伦州同共和国首都和其他城市联系起来。吐尔尕特是通往中国新疆的门户,与我国吐尔尕特口岸相距 8 千米,距纳伦市约 190 千米,距比什凯克约 540 千米。比什凯克—纳伦—吐尔尕特—喀什公路是连接中吉的又一条重要交通运输干线,在发展中吉边贸方面正发挥着越来越重要的作用。纳伦市同比什凯克及卡拉科尔、贾拉拉巴德等城市之间有航线相通。

纳伦州河流众多,其中纳伦河是吉尔吉斯共和国水量最大的河流,全长 600 千米,在纳伦州境内有 400 千米,共有 600 多条河流的水注入纳伦河。纳伦河及其支流每年可提供 364.77 亿度的电能。全国第二和第三高山湖泊索恩湖和恰特尔克尔湖都在纳伦州境内,此外山间还有星罗棋布的小湖泊。

纳伦州是大陆性气候。冬季寒冷漫长,1 月平均气温为－15摄氏度,部分地区记录到的最低绝对温度为－50 摄氏度。夏季短暂凉爽,7 月平均气温一般在 15 摄氏度左右。平原地区的年降水量为 200—300 毫米,山区稍多一些,晚春初夏雨水最多,2 月下旬和 3 月上旬常下大雪。

考古发现表明,纳伦地区远古时就有人类居住和活动,这里还发现了中世纪的古城遗址。纳伦州居民中绝大多数为吉尔吉斯族,出生率高达 31％,人口增长极快,其他民族有俄罗斯族和乌兹别克族等。居民主要分布在公路沿线和河流沿岸,农村牧区的人口占多数。2003 年初,吉尔吉斯族人占全州总人口的 98.7％,俄罗斯族人和乌兹别克族人各占 0.3％。

纳伦州工业在苏联时期建立和发展起来,主要有电力、煤炭、建材、仪表制造、木材加工、轻工和食品加工等部门。20 世纪 70 年代开始开发水力资源,建成了一批水电站。1991 年在纳伦州创建自由经济区,占地 4.25 万平方千米,到 2000 年有 54 家企业在那里登记注册。自由经济区成立以来共吸收直接投资 580 万美元,60％为中国投资。

奥什州位于吉尔吉斯斯坦南部,始建于 1939 年 11 月 21

日。该州北部、东北部和西部分别与贾拉拉巴德州、纳伦州和巴特肯州接壤,东南部、南部和西北部分别与中国、塔吉克斯坦和乌兹别克斯坦交界。该州行政中心是奥什市。奥什市位于吉尔吉斯斯坦南部的费尔干纳盆地的东南端,阿克布拉河出山口附近,是吉尔吉斯斯坦第二大城市,被称作"吉尔吉斯斯坦的南方之都"。奥什市有 2433 万人(2015 年 1 月 1 日),是一个多民族混居的城市,其居住人口包括乌兹别克族人(占 48%)、吉尔吉斯族人(占 43%)、俄罗斯族人(占 3%)、土耳其族人(占 2%)、鞑靼族人(占 1%)及其他族人。奥什市下设 11 个镇,城市总面积为 49.3 平方千米。

奥什市是一座历史悠久的古城,至少有 3000 年的历史,是中亚古城之一。1939 年以来,奥什市一直是奥什州的行政中心。在苏联时期,奥什成为一个主要的工业中心,市内建有棉花厂、丝绸厂、蚕种场、轧棉厂、砖厂、钢筋混凝土制品厂、服装厂和制鞋厂,除此之外还有食品加工工业和机械制造与金属加工工业。2000 年 10 月 5 日,吉尔吉斯斯坦隆重地庆祝了奥什市建市 3000 周年,并将该市定为吉尔吉斯斯坦的第二首都。2000 年起,10 月 5 日被定为奥什市的城市日。奥什市有中亚最大的露天市场,其位于距市中心 22 千米处的费尔干纳盆地。现在奥什市还有很多新的商业中心逐渐兴起。奥什市交通便利,市内有多公交线路,还有汽车站、火车站和机场(奥什机场是吉尔吉斯斯坦两大航空港之一)。

奥什市是一座伊斯兰古城,宗教气氛浓重,市内保存着很多文化古迹。吉尔吉斯斯坦最大的清真寺(位于巴扎旁边)和建于 16 世纪的拉巴特·阿布杜勒汗清真寺均位于此。吉尔吉斯斯坦唯一名列世界遗产名录、素有"小麦加"之称的苏莱曼山也矗立在奥什市。

　　贾拉拉巴德州位于吉尔吉斯斯坦西南部,建于 1939 年 11 月 21 日,行政中心是贾拉拉巴德市,位于该国西部费尔干纳盆地边缘,北为哈萨克斯坦,南为乌兹别克斯坦。楚河州位于吉尔吉斯斯坦北部,于 1939 年 11 月 21 日成立,当时名为伏龙芝州,1990 年改称为楚河州,成为吉尔吉斯共和国直属管辖区,它的州行政中心是楚河市。楚河州西北部与哈萨克斯坦接壤,西部、西南、东南和东部分别与塔拉斯州、贾拉拉巴德州、纳伦州和伊塞克湖州相邻。巴特肯州位于吉尔吉斯斯坦西南部,行政中心是巴特肯市,该州始建于 1999 年 10 月 13 日,3/4 的州界线与国界重合,北面与乌兹别克斯坦毗邻,东面与本国奥什州接壤,南部、西南部和西北部与塔吉克斯坦交界。塔拉斯州始建于 1944 年 6 月 22 日,苏联时期曾并入楚河州,1990 年 12 月,恢复塔拉斯州建制。塔拉斯州位于吉尔吉斯斯坦西北部,占据塔拉斯河谷和阿拉套山北坡。塔拉斯州的行政中心是塔拉斯市。塔拉斯州西北与哈萨克斯坦接壤,西南与乌兹别克斯坦毗邻,南面是本国的贾拉拉巴德州,东面是本国的楚河州。塔拉斯州体育事业很发达,被称为"战士的摇篮"。

　　和平与发展是时代的主题,步入新时期的吉尔吉斯斯坦经济不断发展,社会逐渐稳定,与俄罗斯、美国、中国等国家有着积极的贸易往来,建立了良好的外交关系。2015 年 8 月 12 日,吉尔吉斯斯坦正式加入欧亚经济联盟。2015 年 10 月 28 日,吉尔吉斯斯坦当选联合国人权理事会成员,任期为 2016—2018 年。近年来,中国的"一带一路"倡议得到了吉尔吉斯斯坦的支持和响应。在"一带一路"路线图中,吉尔吉斯斯坦是重要的节点,它与我国新疆地区紧密相连,在中国南疆的安定和发展中发挥重要作用,同时它又是中国通往中亚的重要通道,因此中国特别重视和吉尔吉斯斯坦的友邻关系。

中篇

今日之貌

草原上的天然宝藏

　　吉尔吉斯斯坦位于亚洲中部,是一个多山的国家,山地占国土面积的 90％左右,其地理位置决定了其气候具有多样性。吉尔吉斯斯坦地理环境优越,气候宜人,自然资源丰富,矿产颇多,河流湖泊众多,境内有多处风景旖旎的景区。东北部被天山山脉环绕,西南部被帕米尔高原环绕,被山峦环绕而相对孤立,这样的天然屏障对吉尔吉斯斯坦的文化传承起到了较好的保护作用。境内天山东西横亘,将该国分割成南北两个相对独立的地域,人们集中居住在北部以楚河谷地为中心的平原地带和南部费尔干纳盆地周边地区,由此逐渐形成了吉尔吉斯斯坦政治文化传统上的南北差异。因吉尔吉斯斯坦在地理位置上连接了欧亚大陆,也是"丝绸之路"必经之地,多种文化在这里融合、交汇。

　　吉尔吉斯斯坦境内山脉众多,地质结构复杂,正是这种得天独厚的地理优势使吉尔吉斯斯坦境内自然资源丰富,矿产资源种类繁多。吉尔吉斯斯坦国土总面积为 19.99 万平方千米,其中森林面积占 5.3％,水域面积占 4.4％,农业用地面积占 54.0％,其他用地面积占 36.3％。吉尔吉斯斯坦的国土东西长约 925 千米,南北宽约 453.9 千米,边界线总长约 4503 千米。

　　吉尔吉斯斯坦被称为"中亚山国",其地形以山地为主,东北部属于天山山脉西段,西南部处于阿赖山脉中段,地势由东向西缓慢下降。吉尔吉斯斯坦境内高山耸立,国土平均海拔

2750 米,90％以上的领土在海拔 1500 米以上。境内海拔超过
6000 米的山峰共有 10 余座,海拔超过西欧最高峰勃朗峰(4807
米)的山峰有 20 余座。境内最主要的山脉是天山山脉。吉尔
吉斯斯坦的国土地处天山山脉和阿赖山脉之间。吉尔吉斯斯
坦境内高山绵延不绝,从西到东共有 88 条山脉,其中 87 条都
属于天山山系。大部分山脉长度为 100—300 千米,宽为 10—
40 千米。长度在 300 千米以上的山脉主要有 9 条,其中最长的
是卡克沙阿勒山脉(582 千米),其次是吉尔吉斯阿拉套山脉
(454 千米)。

　　由于地理位置和地形特点因素的影响,吉尔吉斯斯坦的气
候具有多样性的特点,有的地区是极端大陆性气候,有的地区
则近似海洋性气候。吉尔吉斯斯坦地处欧亚大陆的中心,远离
海洋,接近沙漠,全国大部分地区属于温带,南部地区属于亚热
带。因此,吉尔吉斯斯坦的整体气候属于大陆性气候,四季分
明。春季很短暂,从 2 月末开始,气旋活动频繁,常有暴风和灰
尘天气。夏季从 5 月开始,持续到 9 月,由于热带空气的流动,
吉尔吉斯斯坦的大部分地区夏季气候干燥。秋季从 9 月末开
始,12 月结束。吉尔吉斯斯坦冬季开始的时间不固定,因地区
而异,而且冬季主要以干燥寒冷的天气为主,经常阴天,冬季最
温暖的地区是位于吉尔吉斯斯坦西南部的伊塞克湖地区。

　　吉尔吉斯斯坦境内日照充足,降水较少,平均一年有 247
天晴天,年日照时数为 2500—2700 小时。最冷的月份是 1 月,
1 月气温为－8 摄氏度至－1 摄氏度。在夏天,山谷的气温为
15—27 摄氏度,山脚下的气温为 10—24 摄氏度,高山上的气温
为 5—11 摄氏度。从总体上看,吉尔吉斯斯坦的气候主要受西
风带的影响。吉尔吉斯斯坦降水量分布不均匀,有些地区降水
丰富(年降水量为 1000 毫米),有些地区降水很少(年降水量为

150—200 毫米)。降水量较多的地区是费尔干纳山脉西南坡、恰特卡尔山地、伊塞克湖地区东部和克明谷地等,这些地区的年降水量为 900—1000 毫米;奥什州和贾拉拉巴德州处于山麓谷地气候带,年降水量为 300—700 毫米;塔拉斯谷地和楚河谷地的年降水量为 200—300 毫米;中天山的大部分地区年降水量为 200—300 毫米;降水最少的地区是伊塞克湖西岸,年降水量约 110 毫米。

吉尔吉斯斯坦虽属内陆国,但多山地形使其拥有丰富的水资源,境内长度在 10 千米以上的河流有 2000 多条,总长度约为 3.5 万千米。河水的主要来源是消融的冰川和雪水,河水的温度常年都很低。纳伦河贯穿吉尔吉斯斯坦全境,是长度最长、流量最大的河流,也是锡尔河的右岸支流,源于天山冰川,河流走向由东向西,在费尔干纳盆地东部与卡拉河汇合后称锡尔河。纳伦河在吉尔吉斯斯坦境内长 535 千米,总流域面积为 5.37 万平方千米,约占吉尔吉斯斯坦领土面积的 27%。其上游平均流量为 90 立方米/秒,下游平均流量为 429 立方米/秒。纳伦河具有巨大的发电潜能,河上建有著名的托克托古尔水电站和乌奇库尔甘水电站。吉尔吉斯斯坦其他著名河流还包括源于特斯基阿拉图山脉和吉尔吉斯山(天山西部支脉)的内流河楚河,其上游水流湍急,在流入伊塞克湖盆地后,河谷变宽,河水穿过楚河盆地并逐渐消失在沙漠中。楚河上建有奥尔托托科依水库,河水可用于灌溉,不能通航。塔拉斯河来源于塔拉斯山脉消融的冰川,在吉尔吉斯斯坦境内长约 294 千米,最终消失于哈萨克斯坦的穆云库姆沙漠。

吉尔吉斯斯坦境内有 1923 个湖泊,湖水总面积 6836 平方千米,占国土总面积的 3.4%,84% 的湖泊分布在海拔 3000—4000 米的山区,有 94.8% 的湖泊的水面面积不足 1 平方千米,超过1平方千米的湖泊只有16个,其中较大的湖泊有3个:伊塞克湖、松克尔湖和恰特尔克尔湖。伊塞克湖位于吉尔吉斯斯坦东北部,在天山山脉北麓。从空中俯瞰,四周是白雪皑皑的天山山脉,伊塞克湖就横卧在天山山脉中央高处。伊塞克湖海拔高度超过1600米,湖水总面积近6400平方千米,湖泊长182千米,最宽处60千米,平均深度为278米,最大深度约700米,是世界上较大的高山湖泊之一。湖岸线长为688千米,湖容为1738立方千米,集水面积为15844平方千米,居世界第二位。伊塞克湖湖水清澈澄碧,透明度超过12米,微咸,终年不冻,有"热湖"之称。湖畔气候宜人,空气清新,是中亚地区旅游疗养的胜地。

松克尔湖位于吉尔吉斯斯坦的西北部,在天山山脊之间的一个山谷中,是高山湖泊,水面海拔高度为3016米,湖水总面积为270平方千米,湖平均长度为29千米,平均宽度为9.6千米,平均深度为9.2米,最深处达22米,湖岸线长为96千米,湖容为2.64立方千米。湖水主要来源于小溪、河流和冰川融水。松克尔湖有结冰期,从9月下旬持续到次年5月下旬。松克尔湖周边有许多天然原始的牧场,很有旅游开发价值。

恰特尔克尔湖位于吉尔吉斯斯坦境内天山的中部,水面海拔高度为3520米,湖水总面积为161.1平方千米,长为22.8千米,最大宽度为10.5千米,平均水深为2—3米,最深处达19米,湖容为0.85立方千米。该湖由24条河流和小溪汇流而成,湖的东南部主要是沼泽,而北部遍布岩石。

吉尔吉斯斯坦全国适宜农牧业生产的土地有1080万公顷,其中,牧场和天然割草场的面积占86%以上,耕地面积137万公顷,占总面积的12.7%。大部分耕地位于海拔1200—1600米的地区,受气候因素影响较大,几乎全都需要人工灌溉。

草甸草原、高山和亚高山草原分布在海拔 2000—5000 米的山区。

　　吉尔吉斯斯坦生物资源丰富,复杂的地理环境是形成该国动植物多样性的主要因素。吉尔吉斯斯坦的领土总面积仅占全球总面积的 0.04%,但世界上 2% 的植物物种和 3% 的动物物种都分布在此。吉尔吉斯斯坦的植物中有超过 1/4 的植物是该国特有物种。境内脊椎动物超过 500 种,其中鱼类 50 多种,两栖类 4 种,爬行类超过 20 种,鸟类 330 多种,哺乳类动物 80 多种。珍稀的野生动物有白鹳、黑鹳、金雕、白尾海雕、草原雕、胡兀鹫、大鸨、白鹤、雪豹、红狐、水獭、马鹿、猞猁、虎、巨蜥、鼬和棕熊等。常见的野生动物有苍鹭、太平鸟、三趾啄木鸟、猫头鹰、狼、獾、山羊、野鸡、野兔、野猪、黄鼠、砂土鼠等。

　　吉尔吉斯斯坦有 3780 多种植物,这些植物的分布受高海拔多年冻土地带性规律的影响。其中种类最多的是大灌木,有 260 种;其次是小灌木,有 115 种;其他林木共 143 种。比较常见的树木有云杉、白杨、白桦、柳、槭、柏等,其中,云杉林的面积最大,有 104 万公顷,此外,冷杉林、柏树林、核桃林和槭树林的面积也较大。果树有樱桃、苹果、醋栗、李、梨等。吉尔吉斯斯坦的草类有 3175 种,其中多年生草有 2270 种。

　　吉尔吉斯斯坦拥有丰富的水力资源,据统计,2006—2010 年,吉尔吉斯斯坦境内河流地表年径流量为 450 亿—460 亿立方米,人均水资源拥有量为 9075 立方米。河流、湖泊和水库的主要水源都是高山冰雪融水和冰川融水。

　　吉尔吉斯斯坦主要的冰川有 7600 多个,总面积达 8 万多平方千米。列宁冰川位于列宁峰,长 13.5 千米,占地面积为 58.1 平方千米。穆什克托夫和纳利夫金冰川位于卡克沙阿勒山,总占地面积为 42.5 平方千米。

吉尔吉斯斯坦境内河流、湖泊众多,建有多个水电站和水库。主要的水库有:建于纳伦河之上的托克托古尔水库(水库容量为195亿立方米,坝高215米,面积为284平方千米);建于塔拉斯河之上的基洛夫水库(水库容量为5.5亿立方米,坝高83.7米,面积为26.5平方千米);建于楚河之上的奥尔托托科伊水库(水库容量为4.7亿立方米,坝高52米,面积为25平方千米);建于纳伦河之上的库尔普赛水库(水库容量为3.7亿立方米,坝高110米,面积为12平方千米);建于阿克布拉河之上的巴班斯克水库(水库容量为2.6亿立方米,坝高120米,面积为7平方千米)。

吉尔吉斯斯坦境内的纳伦河的河水不仅用于灌溉,在河上还建有多座大型水电站。楚河和塔拉斯河的水力资源也很丰富,对经济发展起到了很重要的作用。吉尔吉斯斯坦的水力发电量在中亚国家中仅次于塔吉克斯坦,居第二位。

吉尔吉斯斯坦还有大量的地下水,根据地质结构特征可把地下水划分为不同的区域,地下水域的边界与水文系统的边界重合。地下水的主要来源是高山冰雪融水、雨水和其他地表水的渗入。地下水大多储存在山间盆地松散的沉积层中。吉尔吉斯斯坦5%—15%的地下水资源主要是用于满足公用事业的用水需求,大量地下水用于农业灌溉。在吉尔吉斯斯坦,每昼夜地下水的利用量为520万立方米,其中44%用于灌溉,39%用于饮用,15%用于生产消费,2%用于供应牧场用水。根据地下水的成分和温度,在吉尔吉斯斯坦已经发现约150处热矿泉。

由于复杂的地质构造,吉尔吉斯斯坦境内地层沉积物多样化,矿产资源丰富且集中,是世界上最具有矿产开发潜力的区域之一。吉尔吉斯斯坦的主要矿产有黑色金属(铁、锰、钒等)、有色金属（汞、锑、铝等）、稀有金属（铀、铍、铋等）、稀土金属（镧、铈、镨、钕等）、贵金属（金、银）、非金属矿物（建筑材料、采矿业原料、化学原料、宝石原料等）、动力燃料资源（煤、石油、天然气）。吉尔吉斯斯坦煤的产量在中亚国家中居首位，有"中亚煤斗"之称。吉尔吉斯斯坦优势矿产有黄金、钨、汞、铁和锑，其锑产量居世界第三位，有色金属产品出口至 40 多个国家。另外，吉尔吉斯斯坦是以黄金生产的发展促进国内经济发展效果最明显的国家。

　　吉尔吉斯斯坦境内共有几十个铁矿区，其中规模最大的有 5 个：热季姆矿区（在纳伦市以东 60 千米处，铁储量约为 17.4 亿吨）、纳迪尔矿区（位于巴特肯州卡姆扎伊区，铁储量约为 10.2 亿吨）、加瓦矿区（位于贾拉拉巴德州阿拉—布金区，铁储量约为 10 亿吨）、下克明矿区（在楚河州克明区，铁储量约为 240 万吨）和巴拉奇奇坎矿区（位于塔拉斯山脚下，铁储量约为 54 万吨）。吉尔吉斯斯坦极具价值的锰矿有 4 个。钒矿有几十个，其中最具经济开采价值的有 2 个：萨雷—扎兹矿区（位于伊塞克湖州，钒储量约为 7.5 万吨）和巴拉奇奇坎矿区（该矿区铁、钛、钒的储量都很大，矿石中含钒量约为 0.08%）。吉尔吉斯斯坦的汞矿开采始于 8—9 世纪，1940 年开始现代汞矿的开采，目前国内共有几百个汞矿。锑矿共有 20 多个，已探明的锑储量约为 26.4 万吨。铝土矿很少，主要的铝土矿有 2 个：扎尔达列克矿区（位于巴特肯州，铝储量约为 2.0 亿吨）和桑迪克矿区（位于纳伦州朱姆加尔区，铝储量约为 1.5 亿吨）。铀矿主要有 3 个：铀钍矿区（位于巴特肯州巴特肯地区，矿石中铀平均含量为 0.25%）、科克—莫伊诺克矿区（在阿拉套山东麓，矿石中铀平均含量为 0.01%—0.18%）和卡普奇加伊矿区（在伊塞克湖州，矿石中铀平均含量约为 0.054%）。有价值的铋矿主要有

2个:米罗诺夫矿区(位于楚河州克明区,铋储量约为1162吨)和乌奇—科什孔矿区(位于伊塞克湖州热季奥古兹区,铋储量约为949吨)。主要的铍矿位于楚河州克明区,最大的是卡列赛矿,铍储量约为1.17万吨,矿石中铍的平均含量约为0.127%。

吉尔吉斯斯坦的稀土金属主要分布在阿克秋兹矿场、卡斯捷克山脉、楚河州克明区图赛2号矿区和塔拉斯州等地区。吉尔吉斯斯坦国内的大小金矿共1000余座,黄金总储量为2149吨,已探明储量为565.8吨,年均黄金开采量为18—22吨。吉尔吉斯斯坦最大的金矿床是库姆托尔金矿,矿床位于海拔300—4150米的黑色岩系中,矿化延伸20千米,被认为是"穆龙套型"矿床。截至2012年,该矿已累计生产黄金270.2吨。2013年,该矿剩余探明储量为970万盎司(约合301.7吨),按目前的生产水平,金矿开发年限可至2023年,金平均品位为4克/吨。第二大金矿为杰鲁伊金矿,金探明储量为80—100吨,平均品位为6.3克/吨。另外,较大的金矿还有塔尔迪布拉克金矿、塔尔迪布拉克左岸金矿(预计金储量为64.4吨)。其他金矿还包括马克马尔、博济姆恰克、温库尔塔什、伊什坦别尔德、奥尔登—吉尔伽、尼克奇苏、塔赫塔赞等。沙金分布也很普遍,吉尔吉斯斯坦全国共有沙金矿50多个,沙金总储量约为26吨。截至2005年,吉尔吉斯斯坦只有一个银矿区——位于塔拉斯山北坡的库穆什塔克矿,银储量约为6240吨,平均每吨矿石中含银量约为302克。

吉尔吉斯斯坦境内非金属矿物丰富,根据应用领域分为建筑原材料、采矿业原料、化学原料、宝石原料等类别。其中主要的石料有大理石、石灰石、角页岩和花岗岩等,总储量约为8560万立方米。石膏石总储量约为2848.3万吨,全国各地均有分布,大部分在奥什州和贾拉拉巴德州。对采矿业来说,主要的石料是瓷石,大部分分布在贾拉拉巴德州乌奇库尔特矿区,储量约为967.9万吨。

吉尔吉斯斯坦境内的煤田和含煤区主要分布在阿赖山区和南天山、北天山,主要是褐煤、烟煤和焦煤,总储量为296亿吨。主要的煤田有4个:南费尔干纳钻探煤田、北费尔干纳钻探煤田、乌兹根煤田和卡瓦克钻探煤田。主要的含煤区有:阿赖山含煤区、南伊塞克湖含煤区和阿拉布卡—恰特尔克尔湖含煤区。

吉尔吉斯斯坦主要有1个石油、天然气和凝析油矿区,2个天然气矿区,4个石油、天然气矿区,7个石油矿区。已探明的石油储量为2.89亿吨,天然气探明储量为72.6亿立方米。吉尔吉斯斯坦主要的石油和天然气矿区分布在费尔干纳盆地。

游牧民的文化与习俗

　　吉尔吉斯斯坦位于天山与阿拉套山之间,自古以来就有来自不同文明区域的民族群体在这里共同居住生活。吉尔吉斯斯坦民族众多,如今已有 80 多个民族,最主要、人数最多的民族是吉尔吉斯族,其人口占全国人口的 73.6%。生活在吉尔吉斯斯坦的各个民族在人口、语言、宗教、文化、传统和习俗等方面各不相同。各个民族大多有游牧生活的历史,"逐水草而居"的游牧文化构成了吉尔吉斯斯坦社会文明的主体特征。吉尔吉斯斯坦根据本国国情,制定了相应的民族政策和宗教政策。吉尔吉斯斯坦的部落大体分为左翼、右翼和别部三大部分,它们相互制约,保持一个平衡稳定的状态。

　　1951—2017 年,吉尔吉斯斯坦的人口一直呈上升趋势,截至 2017 年 11 月,吉尔吉斯斯坦总人口数达到 613 万,比 2016 年增长 10.1518 万,其中男性人口占总人口数的 49.3%,女性人口占总人口数的 50.7%,男女比例基本平衡。吉尔吉斯斯坦男性的平均寿命为 66 岁,女性的平均寿命为 74.2 岁。吉尔吉斯斯坦人的识字率为 99.75%。

　　作为主体民族的吉尔吉斯族在中亚各民族中是一个较古老的民族。在中亚文明的发展过程中,吉尔吉斯先民的活动发挥了重要作用。在后来的发展历程中,吉尔吉斯族又经历了突厥文化、伊斯兰教文化和俄罗斯文化的长期洗礼,逐渐形成了具有当代特征的吉尔吉斯民族文化。

　　上篇中已经提到过,吉尔吉斯族的起源最早可追溯到公元前 3 世纪到前 2 世纪。吉尔吉斯人的祖先是突厥人的后裔,讲突厥语。苏维埃政权建立前后,随着大批俄罗斯族、乌克兰族、白俄罗斯族和其他民族的迁入,在吉尔吉斯斯坦各地出现了许多农业耕作区和早期的加工业。受这种生产和生活方式的影响,吉尔吉斯人开始逐渐结束游牧生活,参与到农业、手工业,甚至是商业活动之中。吉尔吉斯人曾从事农业、奶牛养殖、金属加工、冶金、陶瓷制作和狩猎等,在这个阶段中,他们完成了由以血亲部族联盟为基础的游牧社会组织向近代农业村落社会结构的过渡。据统计,在 20 世纪初,现今的吉尔吉斯斯坦地区已出现上万个吉尔吉斯人的村落,其中有 20.6 万人过着定居和半定居的生活。

　　吉尔吉斯人最初崇拜图腾。有名的图腾是雪豹、牛和鹿。除此之外,吉尔吉斯人还信仰"乌买"女神,信奉祖先和天神。他们朝南方祷告,崇拜太阳,认为火星不吉利。后来吉尔吉斯人转信伊斯兰教,属于逊尼派。吉尔吉斯语分东南、西南和北部 3 种方言,属阿尔泰语系突厥语族。大多数吉尔吉斯人居住在吉尔吉斯斯坦国内,其他吉尔吉斯人中的很大一部分居住在乌兹别克斯坦、俄罗斯和塔吉克斯坦(主要分布于戈尔诺-巴达赫尚自治州的穆尔加布地区)。此外,还有一部分吉尔吉斯人在土耳其、乌克兰、阿富汗北部和哈萨克斯坦生活。

　　苏联时期,苏联政府派出大量的专家、教师、医生等帮助中亚地区建设,因此大量俄罗斯人进入吉尔吉斯斯坦。在卫国战争时期,出于战略考虑,苏联将大量工厂迁至中亚地区,又派出大量技术型人才支援中亚地区基础设施建设。据统计,1939—1979 年,吉尔吉斯斯坦境内俄罗斯族的人口数量在总人口中的占比从 20.8% 上升至 25.9%,成为该国第二大民族。俄罗斯移民在加快吉尔吉斯斯坦的社会、经济和文化发展方面发挥了重要作用。苏联解体后,吉尔吉斯斯坦领导人为加强刚获独立的共和国的凝聚力,高举民族主义旗帜,将吉尔吉斯族作为国家主体民族,推行主体民族优先政策,于是大批俄罗斯族人、乌克兰族人和白俄罗斯族人迁走,这导致经济发展严重倒退,工业崩溃,许多科技、管理和教学岗位空缺。1989 年时,吉尔吉斯斯坦境内的俄罗斯族、白俄罗斯族、乌克兰族的人口尚占吉尔吉斯斯坦总人口的 24.2%,到 1999 年初时,已经降到 16.14%。

吉尔吉斯斯坦在独立之初虽然未能马上建立起新的民族管理机制,但是共和国领导层对处理好民族问题已经予以充分重视。1993 年的宪法规定:"吉尔吉斯共和国保证保留、平等而自由地发展共和国居民所使用的俄语及其他一切语言。"吉尔吉斯斯坦执行民族和睦政策。首先,国家领导人很注重民族和睦与团结。1994 年 1 月,根据阿卡耶夫总统的指示,吉尔吉斯斯坦各民族代表大会成立,并提出了"吉尔吉斯斯坦——我们的共同家园""吉尔吉斯斯坦人民是一个密不可分的整体"等口号。针对吉尔吉斯斯坦境内俄罗斯族人外迁的现象,政府采取一些措施进行缓解。其次,建立有关组织机构,探讨解决民族问题。吉尔吉斯斯坦独立后成立了 40 多个民族文化中心以及其他一些维护民族权益的民族协会,此外还建立了公民和谐与民族和睦委员会,宗旨在于全面、及时考虑各民族团体、各阶层居民的利益,协调解决复杂的民族问题。再次,制定了相关法律,保护各民族利益。宪法规定,公民在法律面前一律平等,任何人不会因为出身、性别、种族、民族、宗教信仰等而受到任何歧视及权利、自由上的侵害。最后,大力宣传吉尔吉斯民族英雄和著名人物,以弘扬和振兴民族精神。

此外,基于生存和维护利益的需要,在漫长的游牧生活过程中,吉尔吉斯人潜移默化地形成部族意识,至今仍保留部落组织,每个吉尔吉斯人都清楚地知道自己属于哪个部落。部落传统在一定程度上影响着吉尔吉斯斯坦的国家和社会生活的各个领域。部落大体分为左翼、右翼和别部三大部分,每个大部落内部又细分为若干小部落。

左翼部落主要分布在吉尔吉斯斯坦南部地区,又被称为"帕米尔吉尔吉斯人""南方吉尔吉斯人"等,其下又分为 7 个部落,即萨鲁乌、克尔克乌尔、蒙杜兹、巴瑟兹、库特丘、克泰、琼巴格什。

右翼部落主要分布在吉尔吉斯斯坦北部地区,又被称为"三十姓联盟""北部吉尔吉斯人"等,其下又分为 9 个部落,即萨雷巴噶什、阿德吉涅、巴格什、萨亚克、阿济克、切里克、杰季格尔、蒙戈尔、蒙古什,其中势力最强的是萨雷巴噶什部落。也有说右翼部落分为四大支(上述 9 个部落是其分支),即塔盖、阿德吉涅、蒙古什和科努拉特。

别部部落主要分布在吉尔吉斯斯坦南部,又被称为"伊其克里克部落""外围部落",集中在费尔干纳盆地和东帕米尔高原,其下又细分为 11 个部落,即乃曼、钦察、凯塞克、提伊特、坎德、博斯通、阿瓦特、若克谢克、奥尔古、托洛斯、诺古特,其中乃曼、钦察、凯塞克、提伊特等部落规模较大。别部部落原是外来移民(如蒙古族、乌兹别克族、塔吉克族等),有自己的语言文化,后逐渐被吉尔吉斯族同化,变成吉尔吉斯族的一部分,但其语言和风俗习惯中仍带有原民族的部分特点。

吉尔吉斯斯坦部族分布与境内的南北差异基本相对应。南北之间被山脉阻隔,南方靠近费尔干纳盆地,地势相对平坦,农业比较发达,宗教观念相对浓厚;北方受地形和气候影响,以畜牧业为主,游牧生活使其宗教观念相对薄弱。由此,南北差异、部落差异、民族差异(主要是南方的吉尔吉斯族和乌兹别克族)相互交织。

此外,游牧人和整个家族为了寻找合适的牧场和水源,经常要辗转多个地方。在这一过程中出现了信息、文化、价值观和劳动技术的相互交换,渐渐形成了吉尔吉斯斯坦独具特色的风俗习惯。古老的习俗及其仪式代代相传,沿袭至今,这是民族文化的集中体现。

吉尔吉斯人的婚姻不受民族、部落限制,但盛行父母包办,一般有指腹婚、摇篮婚、幼年婚和成年婚等,早婚现象比较普遍。吉尔吉斯人对待婚姻一直都秉承严肃认真的态度。与订婚和婚礼有关的习俗在其民族文化中是独一无二的,同时也是吉尔吉斯人所有仪式中内容最丰富的。

婚前男女双方要见面,男方及其亲属要很早到女方家附近等待。女方家人会为新人见面专门搭建一个新的帐篷,女方会和自己的好朋友们一起在帐篷里等待男方。进帐篷之前,男方要在所有亲朋好友的注视下通过一个小窟窿将女方头上的装饰击落。如果第一次没有成功,那还有几次可以尝试的机会,这之后才会安排两人见面。双方的见面活动要持续到天亮,其间会准备很多有意思的游戏和活动。正式举行婚礼前的 15 天,男方要宴请女方的家族。男方父母到时,女方父母要举行隆重的酒宴。酒宴上,男方为女方家奉彩礼,女方父母也要为女方准备嫁妆。

举行婚礼之前,女方的亲人会举行一个仪式,把女方的辫子拆开,梳成已婚妇人的发型,这也是告知人们,她即将结婚了。婚礼当天,新娘在嫂嫂或弟媳的陪伴下前往新郎家。一路上,新娘要放声大哭,向人哭诉,表示不愿离开娘家。这也是婚礼的习俗之一。当女方到了男方家以后,要举行一些仪式,比如换上婚礼的服装,戴上白色的缠头巾(吉尔吉斯人认为,白色象征纯洁和幸福)。婚后,对女方而言有很多禁忌,比如不能直接称呼丈夫亲戚的名字,要用其他合适的词语替代,而且在整个婚姻存续期间,妻子都要保持这样的称呼。除此之外,妻子不能背对丈夫的亲戚而坐,不能大声说话,不能不戴头巾,并避免与丈夫的年长亲属直接见面等。

　　根据传统习惯,女孩嫁人以后就要离开自己原来的家族,一般一年可以回家一次,可以住几日或者几个月。如今,婚礼的很多形式和习俗都更加丰富、更加现代化了。吉尔吉斯人认为,繁衍子嗣是最重要的事情,如果一个家庭有 10 个或更多的孩子,会被认为是极其幸福的事。吉尔吉斯人把妇女分娩视为家庭生活中最重要和最快乐的事。在新生儿降生以后,族长和年长的妇女们要为新生儿祈祷。他们认为,孩子是家族及其传统的继承者,是本民族兴旺永存的象征。因此在分娩之前,孕妇会得到充分的照顾和保护,不从事繁重的劳动,没有人陪伴孕妇不能独自走出村庄。孕妇必须把一种名为"图玛尔"的护身符(这种护身符上写有摘自《古兰经》的用于保护妇女的格言)挂在左胸前、肩膀附近。分娩期间,产妇所住的毡房内要昼夜生火。火炉旁平放一把刀,且刀锋要朝向门。另外,还会在产妇的头上悬挂一支装有弹药的火枪。这一切都是为了保护产妇免遭魔鬼的侵害。

　　婴儿出生以后,父母要举行一些仪式,首先要告知大家这一喜讯,之后得到大家的祝贺和礼物。为庆祝新生儿降生,父母会准备大型的酒宴。给新生儿起名字具有特殊的意义。人们会在新生儿的摇篮里或衣服上挂护身符,主要目的是驱魔辟邪,通常护身符是动物或鸟类身体的一部分或是用小珠制成的物件。

婴儿出生后 40 天内不许见生人；满 40 天那日，亲朋好友都来祝贺，主人宰羊待客。婴儿全身洗净后被隆重地放入摇篮，这被称为"入摇篮仪式"。依照风俗习惯，婴儿第一顿饭是让其吸吮用微火煮沸的黄油。人们给婴儿穿上第一件小褂——狗褂。这件小褂是用从一个男性老者或一个多子女的、受人尊敬的女性老者穿过的内衣上扯下的白色碎布缝制成的。这件小褂做成后先让小狗穿一下，再让新生儿穿，狗褂便因此而得名。所有这些做法都是希望新生儿长命百岁、生活幸福、体魄强健和意志坚强。按照风俗习惯，妇女不能给新生儿起名字，只有村庄中德高望重的人才有资格给新生儿起名字。

如果青年人去世了，在毡房的最高点处要竖一面红旗；如果去世的是中年人，那么要竖黑旗；如果去世的是老年人，就要竖白旗。此外，如果丈夫去世，那么妻子必须把头发散开，并大声哭诉。遗孀只能在其丈夫过世后第 7 天或者第 40 天才能将其散乱的头发重新梳理起来。在吉尔吉斯斯坦，丧葬活动依照一系列程序，按部就班地进行：向死者的亲戚和朋友发出死亡通知；描绘死者画像；改穿黑色的丧服；招待和安置来参加葬礼的客人；给死者擦洗身体，穿上白色殓衣；送葬；下葬；人们从墓地回来要集体哭泣；把死者的衣服和个人物品分给来参加葬礼的人（如果死者是女性，则要把一块一块的小布分给每个人）；举行葬后宴；为死者举行哀悼活动。在下葬后的第 3 天、第 7 天、第 40 天分别是小祭、中祭和大祭。在大祭结束后，死者的配偶和孩子可以脱掉丧服并把它们都烧掉，恢复正常的生活。

吉尔吉斯人的传统服装是其整个民族文化的重要组成部分。男子的传统服装上身是长袍，罩羊皮袄；下身是布料长裤，冬天则穿皮裤；脚穿皮靴或毡靴。妇女一般穿色彩鲜艳的宽大连衣裙，外罩针织丝绒或长绒的长袍或小坎肩，下配灯笼裤，长袍外面束一条开襟的绣花围裙;脚穿软皮鞋,外套胶皮套鞋。青年妇女一般喜欢红、绿色头巾,老年妇女多用白色头巾。现在吉尔吉斯人已普遍穿着现代服装,老年人及一部分中年人仍喜欢穿传统的民族服装。

吉尔吉斯人大量的风俗习惯都与传统的民族服装有关。随便抛掷帽子、拿错帽子或者走路不戴帽子都是很不礼貌的。根据风俗习惯,禁止在衣服上跳或者跳过衣服。在孩子达到特定的年龄时,会举行一个仪式,仪式结束后,孩子会有一套全新的穿着,旧衣服要分给亲戚们。在吉尔吉斯斯坦,服装也是女性家庭地位的象征,只有已婚的妇女才可以穿裙子和缠头巾。

吉尔吉斯斯坦服饰中最重要的元素和最大的特点就是古老的头饰——卡尔帕克尖顶帽。这种帽用 4 个楔形状的白毡做成。帽里的下檐儿镶一道黑绒,向上翻过来,由上向下扩大,并在左右两边各开一个口儿,这使人们有可能提高或降低帽檐,保护眼睛不受太阳的刺激。帽顶呈四方形,缀有珠子和缨穗。有的帽子帽身很高,搭配黑色天鹅绒缝合而成,而有的帽子则搭配卷边的缎纹织物制成。孩子的尖顶帽多用红色天鹅绒或者红布缝制。

吉尔吉斯人的住房有两种:一种是可移动住房——毡房;另一种是固定住房。毡房的优点:柔软,结构简单,拆迁方便,四季通用。毡房非常适合游牧的生活方式,是游牧建筑艺术和民间实用艺术的顶峰。吉尔吉斯斯坦学者认为,毡房是吉尔吉斯民族物质文化的明显表现之一。

吉尔吉斯人住的主要是一种圆形毡房。这种毡房以木头为骨架,围以薄草帘,外盖毛毡,房顶正中间留一个可活动、透气的天窗。在毡房外部周围用绳子捆绑并牢牢地固定在大石头或木桩上,以防毡房被大风吹动。房门多朝东南,房内壁上挂着有精美刺绣的围布或挂毯,地上铺毡毯。

吉尔吉斯人在毡房方面有许多习俗和禁忌。对毡房及其内部的陈设、用具倍加爱护。吉尔吉斯人有办乔迁酒宴的习俗。当一个家庭建造好一座新毡房时,主人必须举行庆祝活动。人们将一个用于祭祀的牲畜的头割下,随即从毡房的烟道抛出。在毡房内的新毛毡或者新草席上缝缀一小块旧毡子,以起避邪作用。吉尔吉斯人认为,火有净化作用,不能向灶火吐痰,不能向火上洒水,不能围着室内火堆走动,不能在黄昏时向邻居送炽热的灰烬。

19 世纪,固定的永久性住房在吉尔吉斯斯坦出现。19 世纪 50 年代以后,平原地区的大部分吉尔吉斯人家庭都有了固定住房及其附设的家务用房。建房技术、内部装饰及住房的规划设计,都是从邻近的乌兹别克和塔吉克工匠处学来的。到 20 世纪,尽管毡房还保持着原有的实用意义,但是从总体来看,大部分吉尔吉斯人都住进了固定的永久性住房,只有在吉尔吉斯斯坦南部地区才会偶尔发现按照中世纪古代居民建筑传统建造的房屋。

在饮食方面,吉尔吉斯人特别爱吃羊肉,尤其喜欢烤全羊,日常以馕为主食,对抓饭也颇为喜爱。用餐时,除在官方场合使用刀叉外,一般多以右手抓取食物。吉尔吉斯人在做饭和吃饭方面至今还保留着不少古代的风俗习惯。例如,在用铁锅煮肉时,首先向沸腾的水中投入一块桡骨,再倒入肉块。吉尔吉斯人非常热情好客,如果被邀请去他们家里做客,一定要为主人准备鲜花或者水果。进入房间之前,要先脱下鞋子。主人会在地上铺上一大块布,客人们围坐一圈,有时也可能在户外用餐。需要注意的是,在用餐时只能用右手拿食物。

在吃肉时,客人按 2 人、3 人或者 4 人一组坐下。主人依照来宾的社会地位或亲属辈分给每人都送上相应的熟肉块。进餐者必须从自己的盘子中取肉吃。在进餐时，如果刀子不够用，进餐者可以互相借用刀子。在这种情况下，送刀子给别人时，一定要让刀把对人；如果把刀子送回主人，那刀尖上要扎一块肉。进餐前主人和客人都不得走出房舍洗手。为此，主人家的一个小男孩开饭前会提着水壶从左至右来回给进餐者浇水洗手，而饭后则从右至左或者从室中心到门口来回给客人浇水洗手。

吉尔吉斯人的饮食习惯与其他中亚国家相似，讲究菜肴鲜嫩，注重菜肴量大、肉多，一般口味都偏重，爱辛辣味道。以面食为主，米饭为辅，爱吃饼类食品，代表食物有烤馕和手抓饭；在肉类方面，吉尔吉斯人比较喜欢吃羊肉、牛肉和鸡肉；在蔬菜方面，吉尔吉斯人喜欢马铃薯、黄瓜、西红柿等；在调料方面，爱用胡椒、丁香、小茴香、盐、糖等；在饮品方面，吉尔吉斯人喜欢喝奶茶、酸奶等，用砖茶煮成的奶茶最受欢迎；在水果方面，爱吃哈密瓜、西瓜、葡萄、苹果等，还喜欢吃葡萄干、花生等。

吉尔吉斯斯坦的传统食物主要有三大类：肉类、奶（奶制品）及面食。肉类在吉尔吉斯斯坦民族美食中占据特殊的地位。吉尔吉斯人食用羊肉、马肉、牛肉、鸡肉、骆驼肉，其中，羊肉特别受欢迎。在进餐者较多的大型宴席上，人们主要吃马肉。马肉被认为是最美味的食物，主人用马肉招待客人以表示对客人的重视。逢庆典、宗教节日、家庭聚会或其他纪念日，人们通常会宰羊或其他牲畜。在宗教气氛比较浓厚的地区，即使是可食的马肉、牛肉、羊肉，也必须是信仰伊斯兰教者所宰的才可食用。吉尔吉斯人喜欢在山区狩猎获取野味，并根据游牧地区的条件使用不同的烹制和保存鲜肉的方法。大多数情况下都是水煮肉，在煮肉时不加任何蔬菜。由于所有菜品的主要食材都是肉类,所以吉尔吉斯斯坦菜肴的热量很高。

　　奶和肉一样,都是吉尔吉斯斯坦非常典型的食物。牛奶一般作为饮品直接饮用,人们有时也会用牛奶做奶皮、酸奶、奶渣和黄油,还常用马奶做马奶酒。

　　面食是吉尔吉斯斯坦不可或缺的美食。不同地区的面食是不同的。吉尔吉斯斯坦南部地区的面包是用坦德尔炉(一种圆顶烤饼炉)烤出来的,外形与饼相似,北部地区的面包一般是长方形的。面包制品或者馕有以下几类:用发酵酸面团制作的面饼,加有奶油、鸡蛋的分层薄面饼,用未发酵的面团制作的分层面饼,等等。面食由小麦、玉米、大米、黍和燕麦制成。人们用粮食粒和面粉制作成各种美食,例如:各种粥,用水或牛奶和出的面团制成的面包和饼,用面粉、麦粒或马铃薯熬成的稀汤,等等。

　　吉尔吉斯斯坦菜肴的做法与突厥游牧民族的做法很相近,其国内南北部地区的菜肴和口味有些许差别。在庆祝主要节日时,北部地区的人们准备的食物是牛肉泡馕,而南方地区的人们做的则是抓饭。除了菜肴,在茶的偏好方面南北方也有所不同。北部地区的人们偏爱喝加牛奶的红茶,采用俄式烹茶方法,因而俄罗斯茶饮很流行。南部地区的人们偏爱绿茶,喝茶不加牛奶,喝茶的传统和习惯与乌兹别克人很相似。

　　吉尔吉斯斯坦民族众多,各个民族在饮食习惯上也各有不同。吉尔吉斯斯坦游牧民族饮食相对单调,以肉类、奶制品和面包为主;乌兹别克族和维吾尔族的食物的营养相对更丰富,主要的食物有抓饭、烤肉串、面条、炖肉、奶油鸡蛋面包;吉尔吉斯斯坦南部地区的居民受到邻近国家的影响,在烹制菜品时习惯放入作料调味。

　　根据吉尔吉斯斯坦的传统,有许多菜肴只在节日准备,也称仪式餐。如今有一些仪式餐已经被人遗忘,也有一些仪式餐成为日常的菜肴。在吉尔吉斯斯坦的传统茶馆内,工作者一般为男性,而餐厅和咖啡馆的工作者一般为女性。吉尔吉斯斯坦的俄式餐厅很多,很容易就能喝到正宗的俄式甜菜汤,而吉尔吉斯斯坦的传统餐厅提供的一般都是中亚美食。

吉尔吉斯人的一些风俗习惯产生于该民族信仰原始宗教时期。例如,他们曾有祭祀地神和水神的风俗。祭祀地神和水神的仪式通常每年举行两次:第一次,在春天山上出现青草,母羊开始产羊羔之时举行;第二次,在深秋人们从牧场向冬季营地转移游牧,准备过冬的日子举行。届时,人们宰杀牲畜,做类似过节才食用的饭菜。全村人进餐后举行名为"巴塔"的仪式,即向地神和水神祈求护佑,希望免遭自然灾害和不幸事件。另外,在发生旱灾或者水灾时,也举行集体和个人的祭祀活动,向老天爷和"神母"祈求开恩、赎罪或者发表感谢之词。吉尔吉斯人改信伊斯兰教后,其风俗习惯也发生了很大变化,他们同中亚其他民族一样,举行伊斯兰教的仪式。

如今,吉尔吉斯人的民族文化传统发生了明显变化,以都市文化为主。然而,吉尔吉斯人在婚丧嫁娶、衣食住行等方面的民族文化传统至今仍继续稳定地存在。

吉尔吉斯斯坦主要有大大小小 13 个新日和传统节日,分别是:新年(1 月 1 日)、圣诞节(1 月 7 日)、祖国保卫者日(2 月 23 日)、国际妇女节(3 月 8 日)、纳乌鲁斯节(3 月 21 日)、国际劳动节(5 月 1 日)、吉尔吉斯共和国宪法日(5 月 5 日)、胜利日(5 月 9 日)、金融和经济工作者日(6 月 7 日)、独立日(8 月 31 日)、开斋节(伊斯兰教历十月一日)、十月社会主义革命日(11 月 7 日)和宰牲节(伊斯兰教历十二月十日)。在此具体介绍纳乌鲁斯节、开斋节和宰牲节。

　　纳乌鲁斯节标志着新一年的开始。"纳乌鲁斯"是从波斯语翻译过来的,意为"新的一天"。关于纳乌鲁斯节,草原上流传着许多美丽的传说。据说草原游牧民族在信仰伊斯兰教之前,崇拜天神、地神等神。这个节日的来历和天空中的星座有着密切的联系,人们认为,白羊星是造福人类的主神,而双鱼星则是人畜的病源。每到春分这一天,恰好是双鱼星降落、白羊星上升的时刻,人们选择这个时刻过节,希望驱走病源,以使人畜两旺,迎来幸福和吉祥,所以纳乌鲁斯也有送旧迎新的含义。每到这一天,人们要举行祭礼,并举行庆祝活动。2009 年,纳乌鲁斯节被联合国教科文组织列入人类非物质文化遗产名录。在阿塞拜疆、阿富汗、阿尔巴尼亚、北马其顿、印度、伊朗、哈萨克斯坦、吉尔吉斯斯坦、塔吉克斯坦、土库曼斯坦和土耳其等国的共同倡议下,3 月 21 日这一天被定为国际纳乌鲁斯节。

　　开斋节是伊斯兰教的主要节日之一。开斋节源自阿拉伯语,与宰牲节和圣纪并称为伊斯兰教的三大节日。开斋节在伊斯兰教历十月一日,即斋月的月末举行,为期 3 天。是日,信奉伊斯兰教的教徒们在早晨沐浴后着盛装,喜气洋洋地赴清真寺参加会礼,并按规定交纳开斋捐,借以完善全月斋功。会礼结束时,穆斯林们互道平安词以表示对彼此的节日祝贺,并依礼俗宴请宾客,互赠节日食品。

　　宰牲节亦是伊斯兰教主要节日之一,也称"古尔邦节"。其意为"献祭""献牲",亦为朝觐功课的主要仪式之一。在开斋节后第 70 天举行,时间是伊斯兰教历十二月十日,即朝觐的最后一天。是日,穆斯林们着盛装赴清真寺参加会礼。礼毕,有条件者宰牲。牲肉被分成 3 份,一份牲肉施散给穷人,一份馈赠亲友,一份留为自用。

缓慢但稳定的经贸发展

吉尔吉斯斯坦的经贸发展大体上分为 3 个阶段，即俄国统治时期、苏联时期和独立后的时期。经济的发展与社会政治的发展息息相关，独立后，吉尔吉斯斯坦的工业、农业和旅游业等逐渐发展，与世界各国的经济往来也越来越频繁。中国提出的"一带一路"倡议对吉尔吉斯斯坦而言无疑是一次发展本国经济的绝佳机会，对吉尔吉斯斯坦的社会生活产生了诸多影响，影响最大的自然数经济领域。

俄国统治时期，吉尔吉斯的经济十分落后，主要以农牧业为主，工业基础很薄弱，技术设备简陋，生产工艺也十分落后，生产力发展水平非常低。以手工业、生产业为基础的工业部门主要的工作是农产品原料加工，其产品占据了整个工业产品的 86.5%。苏联时期，吉尔吉斯的经济形势大有改观，为工业的发展创造了极为有利的条件。

十月革命以后，吉尔吉斯的经济形势发生了翻天覆地的变化。苏维埃政权成立后，吉尔吉斯的基本建设不断加强，生产规模也逐渐扩大，生产力水平逐渐增强，人民的生活水平也日益提高，吉尔吉斯成为一个工业共和国。20 世纪 30 年代，苏联正处于工业化时期，吉尔吉斯的现代化工业在此时逐步发展起来。卫国战争时期，许多大型工厂从苏联中部地区移入了吉尔吉斯，大大刺激了吉尔吉斯的工业发展。数据显示，1913—1981 年，吉尔吉斯的工业产值增长了 378 倍；1940—1980 年，其工业产值年均增长率为 10.2％。1980 年,吉尔吉斯的工业产值占社会总产值的 55.6％,同时工业的发展又为劳动力市场的发展创造了有利条件。

吉尔吉斯斯坦独立初期经济状况迅速恶化。1991—1995年,吉尔吉斯斯坦国内生产总值和工业生产总值逐年下降,国内通货膨胀十分严重。巨大的经济危机威胁到了其国内的政治安全。自 1996 年起,吉尔吉斯斯坦政府采取了一系列措施用于稳定、恢复和发展经济,同时由于得到其他国家的援助,吉尔吉斯斯坦的经济状况迅速出现好转。1996 年国内生产总值增速居独联体国家之首。

吉尔吉斯斯坦独立后的经济改革大体分为两个阶段。第一阶段为 1991—1997 年,吉尔吉斯斯坦主要控制了通货膨胀,实现了经济的自由化和私有化,对农业、工业和金融部门进行了改革和重组,同时建立了有效的社会保障体系。自 1998 年起,吉尔吉斯斯坦开始进行第二阶段的经济改革,主要包括完成土地改革、实现工业企业的现代化、发展小企业和中小商业、进行银行系统的改革及加大招商引资的力度。

2001 年 5 月 29 日,由吉尔吉斯斯坦的议会代表、政府成员、法官及各州代表、各政党组织和各社会团体代表等人员参加的国民会议通过了《2001—2010 年吉尔吉斯共和国综合发展纲要》(简称《纲要》)。吉尔吉斯斯坦制定《纲要》的首要目的是减少贫困人口和偿还外债。《纲要》主要提到以下几项任务:保持宏观经济稳定和促使国内生产总值继续增长;加大国内投资力度,逐渐改变融资结构和渠道;增加财政收入,减少预算赤字;扩大出口,缩小外贸逆差;进一步调整产业结构;发展中小企业;发展边远落后地区。

虽然国家经济基础较薄弱,但吉尔吉斯斯坦的经济一直在稳步地增长,2015年吉尔吉斯斯坦的国内生产总值超过4230亿索姆。2005—2015年,吉尔吉斯斯坦的国内生产总值一直稳中有升,甚至在2010—2011年,国内生产总值的增速超过了30%。2006—2015年,吉尔吉斯斯坦国内生产总值从1130亿索姆增长到4230亿索姆。吉尔吉斯斯坦经济的主要支柱产业有农业、工业、建筑业、贸易、服务业、旅游业、交通和通信业。

农业是吉尔吉斯斯坦经济的第一大支柱产业。现在吉尔吉斯斯坦可以说还是一个农业国,因为吉尔吉斯斯坦有一半以上的人口在农业领域从业。尽管全球经济下滑,但吉尔吉斯斯坦的农业仍在稳步发展。吉尔吉斯斯坦大部分农产品的生产(约95%)都是由私人农场完成的,其农业生产最重要的门类是种植业(主要种植谷物、水果、蔬菜)和畜牧业(包含养牛业、家禽养殖业、养猪业等)。

吉尔吉斯斯坦农业的发展方针是保证本国居民对以农业为原料来源的食品的需要。因此,吉尔吉斯斯坦扩大了种植业的规模,减小了畜牧业的比重,并且依靠缩减饲料作物和烟草的种植面积来扩大粮食作物、油料作物、蔬菜和制糖用甜菜的播种面积。自吉尔吉斯斯坦独立后,其农业生产总值的增长主要依靠种植业和畜牧业,其他产业所占比重极小。

小麦是吉尔吉斯斯坦的主要粮食作物,历史上曾实现大丰收。但是近些年来,吉尔吉斯斯坦的小麦种植面积逐年缩小,并且物种出现退化,使得吉尔吉斯斯坦又面临着极大的粮食安全问题。1997年是吉尔吉斯斯坦有史以来小麦产量最高的一年(产量为127.37万吨),2012年是小麦产量最低的一年(产量为54.05万吨)。2011—2014年,吉尔吉斯斯坦小麦的总产量分别为79.98万吨、54.05万吨、81.94万吨、57.27万吨,产量与之前相比处于减少状态。2015年,小麦总产量为70.45万吨,略有增长。2016 年,小麦的总产量为 66.15 万吨,同比下降 6.1%。

吉尔吉斯斯坦还种植甜菜、棉花和烟草等经济作物。苏联时期,吉尔吉斯是中亚最大的甜菜种植国,甜菜产量占据了当时中亚甜菜产量的 90%。吉尔吉斯斯坦独立后,国内甜菜产量进一步增加,单位面积产量由每公顷 15.6 吨增至每公顷 20.39 吨。2016 年,吉尔吉斯斯坦甜菜的总产量为 70.52 万吨,已经基本实现了国内糖的自给自足。

棉花是吉尔吉斯斯坦的第二大经济作物。吉尔吉斯斯坦独立后,棉花的种植面积不断扩大,由 1991 年的 2.59 万公顷增加到了 2002 年的 4.01 万公顷。同时,籽棉的产量由 6.25 万吨增至 10.94 万吨,单位面积产量由每公顷 2.4 吨增至每公顷 2.73 吨。吉尔吉斯斯坦的棉花不但满足了国内的市场需求,还出口至众多独联体国家。到 2011 年,棉花的种植面积为 3.76 万公顷。2016 年,棉花的总产量为 5.21 万吨,同比增长了 18.1%。

马铃薯在吉尔吉斯斯坦是重要的食物,其地位仅次于面包。吉尔吉斯斯坦独立后,马铃薯种植业得到极大发展。吉尔吉斯斯坦的马铃薯主要产地在伊塞克湖州、费尔干纳盆地的山区和楚河州的克明区。1991—2002 年,吉尔吉斯斯坦马铃薯种植面积由 2.24 万公顷增至 5.23 万公顷,总产量由 32.63 万吨增至 84.21 万吨,单位面积产量由每公顷 13.7 吨增至每公顷 15.8 吨。2016 年,吉尔吉斯斯坦马铃薯的总产量为 138.84 万吨,同比下降 2%。

吉尔吉斯斯坦种植黄瓜、西红柿、辣椒、茄子、大葱、白菜、小洋萝卜、豆角等 20 多种蔬菜。独立后,蔬菜种植业快速发展。2000 年,全国蔬菜种植面积为 4.69 万公顷,比 1991 年增加 2.74 万公顷。1991 年,蔬菜产量为 39.90 万吨,单位面积蔬菜产量为每公顷 17 吨;截至 2002 年,吉尔吉斯斯坦蔬菜产量增加至 43.36 万吨,单位面积蔬菜产量为每公顷 17.7 吨;到 2016 年,蔬菜的总产量已经达到 106.93 万吨,同比增长 1.6%。吉尔吉斯斯坦产的蔬菜不但保证了本国居民对新鲜蔬菜的需求,而且还可以出口。

由于吉尔吉斯斯坦优越的气候条件,果树、浆果作物的种植业也得到了长足的发展。吉尔吉斯斯坦多年来培育、种植了各种各样的果类作物,如苹果、梨、樱桃、李子、巴旦杏、柑橘、无花果、石榴、柿子、柠檬、草莓、马林浆果、醋栗、悬钩子、伏牛果等。1991—2000 年,果树、浆果作物的种植面积由 3.24 万公顷增至 4.27 万公顷;同一时期,果树、浆果作物的总产量由 8.69 万吨增至 16.12 万吨,单位面积产量由每公顷 2.67 吨增至每公顷 3.78 吨。2002 年果树、浆果作物的总产量为 15.37 万吨。2016 年,浆果的总产量为 23.93 万吨,同比上升 14.4%。

20 世纪 90 年代初期,吉尔吉斯斯坦的油料作物种植面积不大。独立后,为满足国内民众需求,吉尔吉斯斯坦开始扩大油料作物的种植面积。1991 年,油料作物的种植面积为 0.47 万公顷,到 2000 年,增至 5.71 万公顷。吉尔吉斯斯坦油料作物的品种也不断增加,从之前主要种植向日葵到陆续大规模种植红花、油菜等。吉尔吉斯斯坦独立以来,油料作物的种植面积显著扩大,总产量也随之明显增长。1991—2000 年,油料作物总产量由 0.46 万吨增至 5.53 万吨。单位面积产量却经历了一个逐渐下降又缓慢回升的过程:1991—1995 年,单位面积产量由每公顷 0.98 吨降至每公顷 0.46 吨。到 2016 年,油料作物总产量达到 4.13 万吨,同比下降 15.8%。

畜牧业也是吉尔吉斯斯坦农业的重要组成部分之一。畜牧业为吉尔吉斯斯坦提供了肉、奶、蛋、毛、皮等食品工业、轻工业及医药工业所必需的原料,同时,牛、马、骡、驴也在吉尔吉斯斯坦山区的交通运输业中起着很大的作用。

养牛业的产值约占畜牧业总产值的60%。在吉尔吉斯斯坦刚刚独立时,其经济危机也严重影响到了养牛业的发展。1991—2003年,吉尔吉斯斯坦的养牛业产值呈现出先降后升的趋势。1991年,奶牛的存栏总数为51.86万头,牛奶总产量为112.75万吨,一头奶牛的年均产奶量为2329千克。1995年,奶牛的存栏总数为47.09万头,牛奶总产量为86.04万吨,一头奶牛的年均产奶量为1841千克。1996年经济改革后,形势逐渐好转。到2003年,奶牛的存栏总数上升至98.80万头,牛奶总产量为117.29万吨,一头奶牛的年均产奶量升至2161千克。2016年,牛奶的总产量达到152.46万吨,同比增长2.9%。截至2016年末,吉尔吉斯斯坦奶牛的存栏总数为152.78万头。此外,吉尔吉斯斯坦十分注重牛的良种培育工作,培育出了乳肉两用的阿拉套种牛及产奶量高的奥卢亚阿塔种牛。在高山地区,一些居民还从事牦牛养殖业。随着近些年国际市场对牦牛产品需求量的不断增加,吉尔吉斯斯坦开始制定有关政策、措施,大力发展牦牛养殖业和加工业。

吉尔吉斯斯坦是中亚主要养羊国之一。1989年,其绵羊和山羊存栏数占除哈萨克斯坦之外的中亚4个共和国绵羊和山羊总数的36.2%,位居第一。截至2016年底,吉尔吉斯斯坦的绵羊和山羊存栏数为602.26万只。吉尔吉斯斯坦一贯重视羊的品种改良,培育出的吉尔吉斯斯坦细毛绵羊毛长为7.5—8.5厘米,公羊剪毛量为8—10千克,母羊剪毛量为4—4.5千克。培育出的天山半细毛绵羊毛长为12—14厘米,公羊剪毛量为7—8.5千克,母羊剪毛量为3.5—4千克。其他优良品种还有阿赖山粗毛绵羊、吉尔吉斯绒毛山羊和吉尔吉斯细毛山羊。苏联解体后,由于经济危机和调整产业结构等,吉尔吉斯斯坦羊的总数量和羊毛产量都大幅度下降。1991—2003 年,绵羊和山羊的存栏数由 910.66 万只锐减至 376.54 万只;羊毛产量由 3.62 万吨降至 1.16 万吨,平均一只绵羊的剪毛量由 3.8 千克降至 3.5 千克。2016 年,吉尔吉斯斯坦羊毛的总产量达到 1.23 万吨,同比增长 2.5%。

　　吉尔吉斯斯坦培育和引进了许多良种马。截至 2001 年,吉尔吉斯斯坦全国拥有良种马 35.39 万匹。其中,新吉尔吉斯马 19.44 万匹,占该国良种马总数的 54.9%;本地改良马 13.87 万匹,占 39.2%;奥廖尔速步马 1.17 万匹,占 3.3%;顿河马 0.34 万匹,占 1.0%。新吉尔吉斯马是一种山地型半纯种马匹,3 岁的新吉尔吉斯马跑完 1600 米只需 1 分 50 秒。这种马不仅跑得快,而且在长距离拉套方面具有惊人的耐力,在市场上颇受欢迎。截至 2016 年 12 月,吉尔吉斯斯坦马的存栏数为 46.72 万匹。此外,吉尔吉斯斯坦还大力发展养猪业、养禽业、养蜂业、养蚕业。

　　吉尔吉斯斯坦境内的森林资源不是很丰富,多分布于山区。截至 2010 年,吉尔吉斯斯坦境内森林覆盖率为 5%,森林蓄积总量为 0.45 亿立方米。在伊塞克湖州、楚河州、纳伦州和塔拉斯州山坡上生长着天然云杉林;位于费尔干纳山和恰特卡尔山脉的贾拉拉巴德州和奥什州的山区生长着世界独一无二的核桃果子林;在贾拉拉巴德州的山脚下生长着诸如黄连木和巴旦杏等耐旱树木;在气候比较炎热干燥的奥什州的山坡上生长着杉树林。在全国各州中,贾拉拉巴德州森林覆盖率最高。

　　在独立以后,吉尔吉斯斯坦根据国情制定了林业管理法律框架,并结合市场经济需求进行了适应性调整。在 1999 年颁布的《森林法典》中明确禁止大规模商业性采伐,将森林管理重点放在防止水土流失、发挥森林游憩功能及保持动植物群落等方面。吉尔吉斯斯坦政府非常关注林业的生态价值和服务功能,积极促进森林可持续发展,提高林业对国民经济的贡献。吉尔吉斯斯坦林业由国家环境保护和林业部下属的林业局管理。

吉尔吉斯斯坦于 2004 年 11 月批准了新的《国家林业规划(2005—2015)》,并通过实施"国家森林发展行动计划(2006—2010)"来实现新规划制定的第一个五年发展目标。与此同时,吉尔吉斯斯坦积极开展与欧洲国家及亚洲毗邻国家的国际林业合作,其中吉尔吉斯斯坦在欧洲联盟、瑞士发展和合作署及日本国际协力机构的资金和技术支持下,开展了流域综合治理、林改政策示范、联合森林管理等项目,提升了森林资源综合管理能力。吉尔吉斯斯坦制定的《林业发展概要 2025》中明确了国家林业政策框架,将实现森林可持续发展和促进当地社区参与森林联合管理作为目标。

工业亦是吉尔吉斯斯坦经济的主要支柱产业。独立后,吉尔吉斯斯坦积极推动工业生产私有化,一度导致许多高度专业化的企业濒临破产。1995 年起,吉尔吉斯斯坦大量引进外资,促进了有色冶金工业、燃料工业和食品工业的发展。自 2000 年起,虽然吉尔吉斯斯坦的工业产值有所增长,但是其工业基础仍比较薄弱,工业产值波动较大,产业结构比较单一,工业生产主要集中在加工工业、电力工业和矿山开采业(黄金开采是吉尔吉斯斯坦的支柱产业)上,远未形成本国的工业体系。苏联解体初期,工业和农业在吉尔吉斯斯坦经济总量中的比重分别是 20% 左右和 35%—40%。1995—2006 年,吉尔吉斯斯坦工业产值占国内生产总值的比重有波动,但未见明显增大。

多年来,吉尔吉斯斯坦主要的工业生产部门为有色金属(主要是黄金)开采及加工业、农产品加工业和电力工业。其他生产部门,如食品加工、制革、机械制造等行业的产值虽然有所增长,但在工业总产值中所占份额不大,对总体工业发展的贡献有限。农产品、黄金及其他矿产品是吉尔吉斯斯坦主要的出口创汇产品,但黄金产量近年下降,对其经济产生了不小的影响;农产品加工业原料充足,处于缓慢增长中;电力工业近年来发展较快,是目前吉尔吉斯斯坦经济优先发展的领域,也是对外资较有吸引力、很有发展前景的领域;服装加工业是近几年异军突起的一个行业,其以首都比什凯克市为中心向周边地区辐射,逐渐形成了从布匹、纽扣、拉链等相关原料进口到按照独联体国家居民特点设计、加工、销售的服装加工产业链。目前,吉尔吉斯斯坦已建有几千家中小型服装加工厂,正在形成中亚地区最大的服装产业群,这对中亚地区的服装业和吉尔吉斯斯坦经济产生了深远影响。

吉尔吉斯斯坦的燃料动力工业由燃料工业和电力工业两大生产门类构成。吉尔吉斯斯坦的煤炭资源中,65%的煤矿分布在南部地区,33%分布在纳伦州,2%分布在伊塞克湖州,此外,70%以上的煤矿集中在山区。所开采的煤大部分都用于燃料动力工业,32%的煤用于公共事业,13%的煤用于建材工业。

在经济危机时期,吉尔吉斯斯坦的燃料工业也遭到了重创,并且未能得到恢复。由于没有或者缺少现代化矿井设备及备用零件,以及没有足够的拨款,吉尔吉斯斯坦的煤炭产量逐年下降。1994—1999年,全国煤产量减少44%,这是设备磨损和使用陈旧生产技术造成的结果。1999年,煤炭工业企业的生产能力只利用了32.4%。2000年,吉尔吉斯斯坦煤炭产量为42.5万吨,比1990年减少89%。2015年,煤炭开采量为

188.2 万吨,同比上升 7.5%。

1900 年起,吉尔吉斯斯坦开始了石油勘探工作。独立后,其油气产量普遍下降。1995—2002 年,石油产量(包括天然气凝析油)由 8.85 万吨降至 7.55 万吨;天然气产量由 0.357 亿立方米降至 0.293 亿立方米。到 2015 年,石油产量为 9.64 万吨,同比增长 34.6%;天然气产量为 0.279 亿立方米,同比下降 5.7%。由于吉尔吉斯斯坦生产的石油和天然气不能满足本国的需要,因此还必须从俄罗斯、哈萨克斯坦和乌兹别克斯坦进口。

电力工业是吉尔吉斯斯坦燃料工业乃至整个经济体系的基础。1999 年,电力工业的产值约占吉尔吉斯斯坦国内生产总值的 19%。2000 年,吉尔吉斯斯坦建有 15 个水电站和 2 个热电站,其发电总功率为 360 万千瓦。

吉尔吉斯斯坦的电力系统通过 220 千伏和 500 千伏电压的干线电网同中亚其他国家保持着稳定联系,并通过哈萨克斯坦干线网与俄罗斯的电力系统连接。吉尔吉斯斯坦的一部分电能出口到哈萨克斯坦、乌兹别克斯坦和中国。1999 年,吉尔吉斯斯坦向国外出口电能 82.91 亿度。

吉尔吉斯斯坦蕴藏着锑、汞、金、铅、锌、钨、锡、铀等丰富的有色稀有金属矿物。因此,有色冶金工业一直是吉尔吉斯斯坦国民经济的主导部门之一。2016 年,吉尔吉斯斯坦的采矿工业创产值 114.344 亿索姆,同比上升 4.9%。

吉尔吉斯斯坦轻工业从业人员的数量占吉尔吉斯斯坦工业从业人员总数的 24%,轻工业产值曾一度占全国工业总产值的 30%。十月革命之前,吉尔吉斯境内只有几家对农业原料进行初加工的半手工私人企业。1928—1940 年,吉尔吉斯的轻工业得到了快速发展,建成并投产的有 14 个大型企业。20 世纪

70年代,棉纺织生产企业及制鞋厂相继开工生产。现在,吉尔吉斯斯坦制造业中稍具规模的是纺织缝纫业,每年产值为1.3亿—1.6亿美元,约占工业总产值的6%,从业人口逾15万,其产品在吉尔吉斯斯坦出口商品中占有重要地位。可以说,轻工业在吉尔吉斯斯坦国家经济中占据极为重要的地位。

食品工业在吉尔吉斯斯坦的整个工业结构中占据越来越重要的位置。十月革命前,吉尔吉斯境内只有几家小型手工企业,随着社会的发展需要,陆续成立了大型食品工业企业和农工联合公司。到2002年,食品工业部共有企业610家,从业人员约有2.6万人,创造产值达91.862亿索姆。2016年,吉尔吉斯斯坦国家统计委员会公布了《2016年吉尔吉斯斯坦食品工业研究报告》。根据该报告,吉尔吉斯斯坦糖类生产量增长2倍,黄油生产量增长一半,奶酪生产量增长20%,肉制品生产量增长16%,饼干生产量增长10%。不过并不是所有食品生产量都得到增长。统计结果显示,2016年,吉尔吉斯斯坦牛奶生产量比往年减少5%。

建筑业是吉尔吉斯斯坦国民经济的一个大门类。近年来,吉尔吉斯斯坦在建筑业的投入不断增加。据吉尔吉斯斯坦国家统计委员会于2017年9月13日公布的数据,2017年1—8月,吉尔吉斯斯坦建筑业产值与2016年同期相比增长5.6%。

吉尔吉斯斯坦地处欧亚大陆枢纽地带,与中国已开通吐尔尕特和伊尔克什坦等两个通商口岸,与中亚各国、俄罗斯和中国的交通相对便利,其以优越的地理位置成为对中亚、西亚、南亚、独联体诸国和东欧各国辐射的重要转口贸易中枢,中转辐射地域十分广阔,辐射消费人口总数在16亿以上。由于吉尔吉斯斯坦地处中亚腹地,因此吉尔吉斯斯坦在"一带一路"倡议中发挥着不可替代的重要作用。

俄罗斯一直向吉尔吉斯斯坦提供经济援助,在 2009 年无偿为吉方提供了 15 亿美元的财政支持,2010—2012 年为吉方提供了 4.5 亿美元经济援助。截至 2016 年 3 月底,吉尔吉斯斯坦从俄罗斯贷款的金额占吉尔吉斯斯坦总贷款额的 7.4%,同时俄罗斯也是吉尔吉斯斯坦的主要贸易伙伴国。

吉尔吉斯斯坦主要向俄罗斯出口服装、水果、蔬菜、棉花、电子产品等,从俄罗斯进口石油及石油制品、木材、汽车、生产设备等。吉俄两国实行自由贸易机制,俄罗斯进口吉尔吉斯斯坦商品时没有进口税,只收海关关税(0.15%)和增值税(18%—20%),因此在 2000—2007 年两国贸易额大幅增加,每年的进出口额最低增幅为 7%—10%。两国开展经贸合作的基础性文件是吉尔吉斯斯坦政府和俄罗斯政府签订的《经济合作纲领 2010—2013》,其列举了近 60 项规定,致力于在经贸、科技、人文等领域促进两国合作。该纲领切实促进了吉俄双边关系的发展和双边贸易额的提高。2010 年,吉俄双边贸易额为 13.841 亿美元,其中,吉尔吉斯斯坦的进口额为 9.991 亿美元。2011 年,两国贸易额为 14.52 亿美元,其中,吉尔吉斯斯坦的出口额为 2.93 亿美元,进口额为 11.59 亿美元。同年,吉尔吉斯斯坦政府与俄罗斯天然气工业石油公司签署的能源协议,在很大程度上缓解了吉尔吉斯斯坦的能源依赖问题,保障了吉尔吉斯斯坦能源安全。2012 年,吉俄两国贸易额为 18.30 亿美元,其中,吉尔吉斯斯坦的出口额为 1.96 亿美元,进口额为 16.34 亿美元。

2013 年,吉尔吉斯斯坦与俄罗斯的贸易额为 21.395 亿美元,占吉尔吉斯斯坦对外贸易总额的 27.9%。俄罗斯是吉尔吉斯斯坦第五大商品出口目的国,对俄出口额占吉尔吉斯斯坦出口总额的 8.6%。同时,俄罗斯也是吉尔吉斯斯坦第一大商品进口来源国,自俄进口额占吉尔吉斯斯坦进口总额的 33.6%。除此之外,俄罗斯是吉尔吉斯斯坦第四大直接外资来源国,投资金额为 7010 万美元,占吉尔吉斯斯坦外国投资总额的 7.1%。外资直接流入的主要行业为不动产业、加工业和金融业。

2013 年 7 月 26 日,吉俄两国签署《吉俄政府间关于在吉境内运输、分配与销售天然气的协议》。根据该协议,吉方以象征性的 1 美元价格向俄方出售吉尔吉斯天然气公司的天然气管线、压气站、储气罐等所有资产,并保护俄方在吉尔吉斯斯坦的投资及吉尔吉斯斯坦在进口天然气过程中的权益;俄方将按照双方商定规模保障吉方天然气的不间断供应,同时在 5 年内向吉天然气领域投资 200 亿卢布供气设施,对吉尔吉斯斯坦天然气输气管线、压气站、储气罐等进行大规模的现代化改造和更新,吉方逾 4000 万美元债务一并转给俄方。该协议期限为 25 年,期满后,吉方若有意愿,可以从俄方回购上述资产。2013 年 12 月,吉尔吉斯斯坦国家议会批准该协议。2014 年 4 月 10 日,俄罗斯天然气工业公司与吉尔吉斯天然气公司签署了《关于俄罗斯天然气工业公司以 1 美元收购吉尔吉斯天然气公司所有资产的合同》。

2014 年,两国贸易额有所下降,为 18.17 亿美元,其主要原因是俄罗斯经济不景气及国际市场黄金行情下探等。2014 年,俄吉贸易额占吉尔吉斯斯坦对外贸易总额的 25.9%,其中吉方从俄罗斯进口原油及成品油的价值为 3.78 亿美元。同年,俄方向吉方提供了 9000 万美元帮助其发展经济,并在其后的 2 年向吉尔吉斯斯坦提供了 2 亿美元的援助。

2015 年,吉尔吉斯斯坦与 144 个国家有贸易关系,其中出口 89 个国家,进口 136 个国家,在吉尔吉斯斯坦整个对外贸易中,对俄罗斯的贸易额为 14.28 亿美元,占贸易总额的 24.9%。吉方出口额为 1.57 亿美元,主要向俄罗斯出口航空煤油、棉花等;吉方进口额为 12.71 亿美元,其中原油及成品油的价值为 5.52 亿美元。2015 年 12 月 3 日,"俄罗斯—吉尔吉斯发展基金"签署了首个农业项目的一期直接融资协议,为吉尔吉斯斯坦农业公司提供 280 万美元贷款,助其更新农业生产设备、采用先进工艺、创造就业岗位、拓展销售市场、提升出口潜力、提高国家食品安全等。该项目融资总金额为 720 万美元,共分 3 期实施。

吉尔吉斯语与名人名家

　　吉尔吉斯斯坦的文化源于远古时代。吉尔吉斯人在不断认识自然和改造自然的过程中,形成了本民族独具特色的精神文化。中世纪,从阿尔泰和东土耳其迁徙而来的大批突厥人对吉尔吉斯人的日常生活及精神文化生活产生了很大影响,因此,吉尔吉斯文化以本民族文化为根基,同时又吸取了其他民族文化的精华,形成了独特的文化体系。

　　由于历史因素,吉尔吉斯斯坦的官方语言是俄语和吉尔吉斯语。由于吉尔吉斯族人在人口中占有较大比例,所以吉尔吉斯语的使用更为普遍,但吉尔吉斯斯坦在教育上实行吉尔吉斯语、俄语双语制。吉尔吉斯语属阿尔泰语系突厥语族吉尔吉斯钦察语支。14—15 世纪,吉尔吉斯人受蒙古统治,他们使用的语言是察合台语(乌兹别克语),口语交际中多使用地方语言,其中一部分就形成了吉尔吉斯语。17—18 世纪,由于吉尔吉斯是准噶尔汗国的附属地,所以吉尔吉斯语受到了西蒙语言的重大影响。18—19 世纪,吉尔吉斯人在浩罕汗国的影响下,使用具有地方特色的后期察合台文来进行拼写。1927 年起,吉尔吉斯文字用阿拉伯字母拼写,1928—1940 年,转用拉丁字母。1940 年至今,吉尔吉斯语用西里尔字母。

　　在语音层面,吉尔吉斯语有 36 个字母,比俄语字母多了 3 个,其中有 22 个辅音字母、14 个元音字母。元音字母中有 8 个短元音和 6 个长元音。固有词的读音不是固定的,词为原形时,重音多在词的最后一个音节上,词形变化时,重音位置有时也会发生变化。

在词汇和语法层面,由于古代吉尔吉斯人多以畜牧业为生,因此,吉尔吉斯语中有大量畜牧业方面的词语,例如在吉尔吉斯语中,仅马的名称就有 10 多种表达方式。从构词来说,分为根词、派生词、合成词、谐音词;主要词类为名词、形容词、数词、代词、动词、副词、连接词、后置词、语气词和感叹词。与俄语不同,名词没有词性的范畴,但有数、格的变化:首先,名词分单数和复数,复数形式是根据词尾后缀变化完成的;其次,名词有 6 个格,分别为主格、所属格、给予格、宾格、方位格、起始格。形容词分为单纯形容词和合成形容词,单纯形容词又分为非派生形容词和派生形容词。形容词分原级和比较级。动词有式、时、人称、态等变化。

没有文字时,吉尔吉斯人主要进行口述创作,主要题材是神话故事、成语、谚语、俗语等,并世代相传,不断丰富发展,这类文学被称为民间口承文学。十月革命后,吉尔吉斯斯坦的书面文学开始逐渐发展,其主要代表人物是莫多尔·尼亚兹、托戈洛克·莫尔多、托克达古勒·塞图勒甘和钦吉斯·艾特玛托夫等。吉尔吉斯斯坦书面文学发展时间虽短,但硕果累累,出现了许多优秀的诗人和作家,如托戈洛克·莫尔多(也译作托果洛科·莫勒多)、阿勒胡力·奥斯莫诺夫、钦吉斯·艾特玛托夫等。

托戈洛克·莫尔多,吉尔吉斯斯坦著名阿肯(哈萨克人对吟唱诗人的尊称,被尊为"阿肯"的人是草原上受爱戴的民间艺术家,既是歌手,又是可以即兴吟诗的诗人),1938 年加入苏联作家联盟,"荣誉勋章"获得者。1860 年,他出生于吉尔吉斯斯坦纳伦州的胡尔特卡村。9 岁时师从当地的毛拉(对伊斯兰教学者的尊称)学习识字,14 岁开始写诗,弹奏库木孜琴并演唱诗歌。托戈洛克·莫尔多至今仍在吉尔吉斯斯坦民众中享有一定威望。吉尔吉斯斯坦独立后发行的面值 20 索姆的新纸币正面印有托戈洛克·莫尔多的肖像。

阿勒胡力·奥斯莫诺夫,吉尔吉斯斯坦著名诗人、剧作家和翻译家。1915 年出生于吉尔吉斯斯坦潘菲洛夫区卡皮塔里—阿日克村。因父母早逝,他在孤儿院长大。1933 年,他毕业于伏龙芝师范学校,并开始在杂志社工作。1930 年,他发表了第一部作品。1935 年,他发表了第一部诗集《黎明之歌》,后又创作了《爱情诗集》(1945)、《新歌》(1947)和《故乡》(1958)等作品。他还重新编著了《托力拜·斯尼奇》《卡拉古力·博托依》《阿合姆尔》,并翻译了普希金、马雅可夫斯基和莎士比亚的著作,为吉尔吉斯斯坦文学做出了巨大贡献。作为一名剧作家,他创作了《茹克娅》《乔力盼拜》等剧本。1950 年,他英年早逝,后被追授列宁共青团奖,是吉尔吉斯斯坦第一位被授予该奖项的人。1967 年,国家追授他"荣誉勋章",后为纪念他,设立了阿勒胡力·奥斯莫诺夫国家文学奖金。1990 年,政府举办了阿勒胡力·奥斯莫诺夫 75 周年诞辰纪念活动,并在他的故乡设立了以他的名字命名的吉尔吉斯斯坦国家文学纪念馆。现在,比什凯克市有以他的名字命名的中学和街道,吉尔吉斯斯坦独立后发行的面值 200 索姆的新纸币正面印有他的肖像。

钦吉斯·艾特玛托夫是吉尔吉斯斯坦著名的作家、外交家,是吉尔吉斯斯坦的文学泰斗,曾获得诺贝尔文学奖提名,获得 1 次列宁奖、3 次苏联国家奖,为吉尔吉斯斯坦乃至世界的文学做出了巨大贡献。他发表了许多作品,被译成 100 多种语言,其中很多作品都被改编成歌剧、芭蕾舞剧、电影。

1928 年 12 月 12 日,钦吉斯·艾特玛托夫出生于塔拉斯州的舍克尔村。1952 年,他开始自己的创作生涯。他的作品涉猎题材广泛,弘扬人的真善美,讴歌爱情,赞美祖国的河山和人民。但随着社会、政治、经济问题的加剧,他开始深入思考现实,在作品中揭露社会矛盾,呼吁人与人和睦相处,人与动物和平共处,世界和平发展。

1952 年,艾特玛托夫还在上学时,就在期刊上发表吉尔吉斯语短篇小说。他在毕业后的 3 年间从事兽医工作,同时,坚持写作,并发表了一些作品。1957 年 7 月,他在杂志上发表了吉尔吉斯语中篇小说《面对面》。1958 年,他的中篇小说《查密莉雅》(《贾米拉》)问世。同年,阿拉贡最先将它译成了法文,而后又出现俄文版。这部中篇小说使艾特玛托夫一举成名,成为吉尔吉斯斯坦家喻户晓的作家。在此之后,艾特玛托夫先后出版了中篇小说《骆驼泪》(1960)、《第一位教师》(1961)、《大地——母亲》(1963)和小说集《草原和群山的故事》,这些作品都同时用俄语和吉尔吉斯语出版。1963 年,他凭借小说集《草原和群山的故事》获得了苏联最高奖——列宁奖。1968 年,艾特玛托夫凭借《别了,古利萨雷!》获得了苏联国家奖,同年,他获"吉尔吉斯人民作家"称号。

1970 年《白轮船》用俄语发表,艾特玛托夫因此于 1977 年再次获得苏联国家奖。这部小说被认为是艾特玛托夫的巅峰之作,并在很长时间内成为全世界最畅销的作品之一。这部小说被改编成电影,并在柏林国际电影节和威尼斯国际电影节获奖。1978 年,作家荣获"社会主义劳动英雄"称号。1980 年,他发表小说《一日长于百年》,并于 1983 年因这部小说第三次获得苏联国家奖。他在苏联时期发表的最后一部小说是《断头台》(1986)。

吉尔吉斯斯坦独立后,他出版了《成吉思汗的白云》《卡桑德拉印记》《群峰颠崩之时》等作品,其中《群峰颠崩之时》是艾特玛托夫的最后一部作品。1998 年,他荣获"吉尔吉斯斯坦英雄"称号和"吉尔吉斯斯坦人民作家"称号。2008 年 6 月 10 日,艾特玛托夫在德国纽伦堡因病逝世,享年 80 岁。2008 年被宣布为吉尔吉斯斯坦的"艾特玛托夫年"。

古时候,吉尔吉斯斯坦的民间音乐并没有固定的乐谱,而是通过代代传唱流传。这些音乐表达了人们的喜怒哀乐、人与自然的关系及对自由和平等的追求。吉尔吉斯斯坦民间音乐与突厥民族文化的音乐有紧密的联系。以前,吉尔吉斯人生活在草原上,大多以游牧为生,他们在放牧劳作时放声高歌以缓解疲劳和振作精神,同时也通过歌舞来祈祷风调雨顺、作物丰收。

吉尔吉斯斯坦的民间音乐分为 3 种风格——北部风格、中部风格和帕米尔风格。民歌中的内容大多反映了吉尔吉斯斯坦人民的日常生活、传统习俗等,主要有劳动歌曲、儿歌和情歌等。其中情歌在民间音乐中占有特殊位置,其演唱方式多种多样,富有艺术表现力。同时,吉尔吉斯斯坦的民族音乐还用冬不拉、横笛、口琴等乐器伴奏,冬不拉的扫弦豪放凌厉,是吉尔吉斯斯坦音乐的核心,体现了游牧部族外向爽朗的个性。

吉尔吉斯斯坦的戏剧已经有百年的历史,与礼仪、民俗、民间艺术等有密切的联系。十月革命之前,吉尔吉斯没有专业剧院,但当时玛纳斯说唱者、使用库木孜琴和克亚克琴的弹唱者、阿肯等已经大受欢迎,具有一定的声望,这推动了民间剧院的建立。十月革命后,建立了专业戏剧院。1937 年,在伏龙芝市(今比什凯克市)建立了吉尔吉斯歌舞剧院,它成为吉尔吉斯斯坦最早的音乐文化中心,1942 年该剧院改名为吉尔吉斯国家歌舞剧院,后来杰出的作曲家、男高音演唱家阿卜杜拉斯·马尔迪巴耶夫也加入了该剧院。目前,吉尔吉斯斯坦有吉尔吉斯国立音乐学院等近百所音乐院校,这些学校培养了大批音乐人才,为吉尔吉斯斯坦的音乐艺术不断注入新活力。

吉尔吉斯斯坦最早的绘画作品可以追溯到新石器时代。人们在塞伊玛里塔什地区发现了古老的岩画,这些岩画的内容多是牛、羊、鹿等动物形象,以及人和太阳的图案,描绘出当时人们的生活作息。随着时代的进步、人类的发展,吉尔吉斯人的绘画艺术已经成为本民族文化中的瑰宝,形成了自己独特的艺术体系。

20世纪30年代,吉尔吉斯专业绘画艺术开始发展,当时吉尔吉斯的国立艺术学校初具规模。1934年11月16日,吉尔吉斯艺术家联盟成立。成立之初,该联盟旗下有350名艺术家,涉及油画、素描、雕塑、宣传画、装饰艺术、纪念碑艺术、舞台美术、民间艺术、造型艺术等9个领域。1935年,吉尔吉斯国家美术馆(今吉尔吉斯斯坦国家美术馆)成立,该馆馆藏丰富,其中俄罗斯古典主义绘画藏品尤为出色,馆内现藏有列宾、苏里科夫、马列维奇等油画大师的作品。

吉尔吉斯斯坦有许多优秀的画家。油画家崔可夫·谢苗·阿法纳西耶维奇(1902—1980)毕业于莫斯科国家美术大学,1963年获得苏联"人民艺术家"称号,是2次斯大林奖获得者。他的作品在国立特列季亚科夫画廊、俄罗斯国家博物馆、吉尔吉斯斯坦国家美术馆等都有收藏。写生画家费奥多尔·米哈伊洛维奇·斯图科申(1914—1974)同时也是位教育家,他是苏联艺术家联盟的成员,一生创作了近2500幅画作,其中61幅被收藏在吉尔吉斯斯坦国家美术馆,其他作品在一些国家的博物馆和画廊均有收藏。版画家伊利英娜·利季娅·亚历山德罗夫娜(1915—1994),属现实主义画派,她是吉尔吉斯斯坦人民艺术家,苏联国家奖获得者(1971年),主要作品有《回归》《吉尔吉斯青年》《森林之歌》《母亲》等。

吉尔吉斯人的游牧生活方式在一定程度上限制了其艺术发展,但这个民族也形成了自身独具特色的艺术品位。吉尔吉斯斯坦的造型艺术发展至今已数百年,它将物质的造型功能和精神上的愉悦功能完美融合。这在人们日常生活用的饰品、马具、服装、家居用品、餐具等上均有体现。吉尔吉斯人的工艺品从未丧失自己的民族性,优秀的艺术传统代代相传。根据所用材料和制作手法可将吉尔吉斯造型手工艺术品分为毛毡制品、编织品、绣制品、皮制品、木制品和首饰珠宝等。

毡房(类似中国的蒙古包)是吉尔吉斯人的传统民居,同时也是吉尔吉斯人实用艺术的杰出代表作。它已经成为吉尔吉斯民族的一种象征,吉尔吉斯斯坦国旗上太阳的标记就是根据毡房鸟瞰图设计的。吉尔吉斯人住的毡房可拆卸,方便游牧迁徙,其结构为圆形,以木头为支架,外面盖上毛毡,房顶会留一个可活动的天窗,用来通风和采光。毡房会用石头或者木桩固定,以抵抗强风。毡房多沿南北方向搭建,房门多朝东南,毡房大小不一,一般可容纳5—8人。房内陈设简单而不失精美,内壁挂着围布或挂毯(上面绣着各种花纹,并用植物浆液染上了颜色),地上也会铺着地毯或者动物毛皮,房内没有床,人们直接睡在地毯上。吉尔吉斯斯坦的毛毡颜色各异,上面画有吉尔吉斯族特有的花纹。每个毡房均按照传统工艺标准制作,但各有不同,由于毛毡的形状和毡房内部装饰的差别,一模一样的毡房不存在。

现在,人们的生活方式发生改变,毡房只会在庆祝节日时架起,但出现了一些毛毡手工艺品。毛毡手工艺品的材质多是纯羊毛,由手工艺人手工缝制、勾画、着色、刺绣等。毛毡制品有精美毛毯、时尚毡帽、小毛毡房、各种毛毡动物及穿着民族服饰的毛毡娃娃。毛毡手工艺品已经成为外国游客争相购买的纪念品,还有一些收藏家专门收藏这些手工艺品。

编织品主要是用植物的茎、柳条和着过色的羊毛线编织而成的席、垫、花篮及其他装饰品。吉尔吉斯人一般在 9 月时采集植物的茎,这时植物的茎水分少,结实耐用。编织品的编制手法不一,花样繁多,有带花纹的和不带花纹的,花纹多为红、蓝、白的八角形对称图案。同时,编织品也是传统毡房的重要组成部分,可以用作屏风,也可以放在毛毯底下,用来防潮,在夏天时可作为凉席使用。

古代吉尔吉斯人利用游牧时常见的兽皮制作生活用品及装饰品。现在的吉尔吉斯人将这个传统继承下来,不仅用兽皮制作衣服鞋帽,还制作水囊、箱包和马具等。木制品则通常用榆树、杜松、杨树和野樱桃树根制成,上面会用各种植物浆着色,这种颜料不会对人体健康构成危害。吉尔吉斯人的传统乐器库木孜琴和克亚克琴都是木制品的典型代表。现在吉尔吉斯斯坦的木制品制作技艺已经非常精湛,吉尔吉斯人先把木料的表面打磨光滑,再用刻刀雕出镂空花纹,用各色颜料画上精美图案。这样制成的手工艺品不仅实用,还有观赏价值。

吉尔吉斯斯坦的珠宝首饰也有很高的艺术价值。吉尔吉斯斯坦国内的珠宝市场上出售各种有吉尔吉斯民族特色的金银饰品,有制作精良的戒指、手镯、耳环、项链和头饰等。因为吉尔吉斯人认为金属有自愈能力,因此这些饰品上有象征天空、水、大地等的图案,以此来表示更加亲近自然。现在吉尔吉斯人的首饰不再作为护身符或符咒使用,而仅仅作为一种配饰。设计师会加入一些其他材料,例如,玛瑙、玉石和钻石等,并精心雕琢,将这些材料加入作品中。吉尔吉斯斯坦的饰品在世界上的很多国家都受到追捧。

在吉尔吉斯斯坦的每个城市、小镇、乡村都有雕塑,各具特色的雕塑已经成为各地的地标。雕塑按性质可分为陵墓雕塑、宗教雕塑、民俗性雕塑、人物雕塑、纪念碑等。雕塑按材质可分为青铜雕塑、石雕、不锈钢雕塑等。

胜利纪念碑在众多雕塑作品中极具代表性,其坐落于比什凯克市胜利广场。这座纪念碑建于 1985 年,为纪念卫国战争的胜利而建。纪念碑的造型来源于游牧民族毡房弧形骨架的形状,三个高大的弧形柱子交汇作为支架,由圆形花环连接,中心是一座长明火坛,红色的火苗时刻在坛中燃烧着。节假日里,青年男女常在胜利纪念碑前举行结婚典礼,并在长明火坛前献上一束鲜花,以表示对革命先烈的祭奠之意。

胜利纪念碑下竖立着英雄母亲雕像,她头上扎着围巾,右手托着一个碗,面带忧愁,目光飘向远方的广场。广场的右边是一对机枪手的雕塑:一个扛枪筒;一个背枪轮,提着子弹箱。广场的左边,有两个士兵和两个孩子的雕塑,其中一个士兵肩扛着小女孩,四人面带微笑,充满胜利的欢乐。三尊雕塑反映了吉尔吉斯斯坦人在第二次世界大战中的情形。

花园之都：比什凯克

　　比什凯克市是吉尔吉斯斯坦的首都，是全国的政治、经济、文化和科技中心，还是吉尔吉斯斯坦最大的城市，面积为 127 平方千米。比什凯克是吉尔吉斯人自古以来对该市的称呼，吉尔吉斯语的意思是"搅拌马奶的棒子"。2016 年 11 月 15 日，比什凯克市与武汉市建立友好城市关系。

　　比什凯克市位于吉尔吉斯斯坦北部，地处楚河谷地。该市常住人口为 102.26 万（2018 年 11 月）。比什凯克是中亚地区的古代重镇，是古"丝绸之路"中贯通西域和中亚草原的要道所经的驿站。1825 年，乌兹别克族与浩罕族在该处建立泥造的堡垒。1862 年，沙俄吞并浩罕地区，将堡垒大肆破坏，并将该地区发展为俄国的军事要塞。俄国人认为这里土地肥沃，适合农耕，故大力鼓励俄罗斯农民到当时被称作"必茨伯克"的比什凯克务农。20 世纪 50 年代起，大量重工业投资进入当时被称作"伏龙芝"的比什凯克。

　　比什凯克市是一座有近 200 年历史的城市，1825 年建市。1926 年，为纪念生于该市的苏联和吉尔吉斯共产党军事家米·瓦·伏龙芝，改名为伏龙芝市，并进行了大规模扩建。1991 年 2 月，吉尔吉斯斯坦政府将其恢复原名比什凯克。现在该市东部为新工业区，西部为老工业区和铁路货运站，南部有文教、科研机构和工厂。比什凯克市是吉尔吉斯斯坦最大的工业中心，主要部门为机械制造和金属加工业，生产农机、机床、电机、仪表等,轻工业和食品工业也有较好发展。比什凯克市是区域贸易中心,是与中国、哈萨克斯坦和俄罗斯之间贸易往来的枢纽。中亚地区最大的批发和零售市场就位于比什凯克市。作为交通枢纽,比什凯克市交通极其便利,有 3 个火车站:皮什佩克火车站、比什凯克火车站和阿拉梅金(音译)火车站。火车运行的主要方向是经哈萨克斯坦开往俄罗斯。比什凯克市内有 2 个长途汽车站:西站和东站。在距比什凯克市中心 23 千米处,建有玛纳斯国际机场,该机场也是中亚最大的机场之一。

在比什凯克市有一条以中国已故领导人邓小平名字命名的街道。1996 年 6 月,经比什凯克市市长、吉尔吉斯斯坦著名经济学家西拉耶夫提议,比什凯克通往奥什的咽喉路段更名为"邓小平大街"。

比什凯克市是重要的交通枢纽。铁路直达莫斯科、伊尔库茨克、塔什干、贾拉拉巴德、塞米巴拉金斯克、雷巴奇耶等城市。航空运输发展迅速,连接莫斯科、圣彼得堡、新西伯利亚、基辅、塔什干、阿拉木图等 50 多个城市。公路交通四通八达,首都同各州首府和区中心都通长途汽车,市内有公共汽车、电车、出租车、私人小车等,城市交通很方便。首都机场——玛纳斯国际机场,以吉尔吉斯民族英雄玛纳斯命名。玛纳斯是吉尔吉斯族传说中著名的英雄和领袖,他是力量、勇气和智慧的化身。史诗《玛纳斯》是吉尔吉斯族集体创作、世代口头流传的一部英雄史诗。史诗描写了玛纳斯及其七代子孙前赴后继,率领吉尔吉斯族人民抗击外来侵略者和各种邪恶势力,为争取自由和幸福而进行斗争的英雄事迹,颂扬了传说中英雄玛纳斯及其子孙率领吉尔吉斯族人抗击外来侵略者的英雄壮举,体现了吉尔吉斯族人顽强不屈的民族性格和团结一致、奋发进取的民族精神。《玛纳斯》在吉尔吉斯斯坦无人不知,无人不晓。

　　此外,在比什凯克,常见的公共交通工具有巴士、无轨电车、苏式小巴(其营运方式接近公共小巴)和的士。另外,比什凯克市内有行驶固定路线的有轨电车,没有地铁。

　　和人们对中亚地区传统上的认识不同,在比什凯克市内感受不到干旱与风沙,而是如花园般充满了绿色,到处是欧式建筑,还随时可看到白雪皑皑的天山。建于 1984 年的阿拉套广场(亦称作玛纳斯广场)是比什凯克的中央广场,是举办国家活动与庆典的场所,亦是城市的地标性建筑之一。在每年独立日等重大国家和民族节日,这里都要举行庆典活动。广场北侧是国家历史博物馆,广场西侧是吉尔吉斯斯坦议会大厦。阿拉套在吉尔吉斯语里是"连绵群山"的意思,形象地描绘了吉尔吉斯斯坦这个山地国家。广场一直深受当地居民喜爱,是一些大型聚会活动的首选场所。2011 年起,阿拉套广场中央高耸的纪念碑顶端,屹立起国家象征——玛纳斯的骑马铜像。

上帝遗落的明珠：伊塞克湖

　　在吉尔吉斯斯坦,旅游业被认为是最具有发展潜力的行业。吉尔吉斯斯坦境内河流山川众多,自然资源极为丰富,这些都是宝贵的旅游资源。目前,吉尔吉斯斯坦政府已经将旅游业作为重点发展产业,这不仅能让更多的人欣赏到吉尔吉斯斯坦瑰丽的自然风光,而且极有利于其经济的发展,同时也能带动就业,成为一个新的经济增长点。被吉尔吉斯斯坦吸引的国外游客大多数来自哈萨克斯坦、乌兹别克斯坦、塔吉克斯坦和俄罗斯等周边国家。来自哈萨克斯坦的游客数量长期最多,大约是吉尔吉斯斯坦外国游客总数量的 60%。来到吉尔吉斯斯坦游玩的游客多数被伊塞克湖所吸引,有 60%—70%的游客是一定要到伊塞克湖保护区进行参观游览的。吉尔吉斯斯坦国内 75%的酒店都分布在伊塞克湖保护区。每年 7 月和 8 月是游人前往伊塞克湖保护区旅游的高峰期。在这 2 个月中,伊塞克湖保护区的客房入住率通常可达到 100%。然而在一年当中的其他时间,伊塞克湖保护区的客房入住率几乎为零,所以大多数酒店这时会选择歇业。

　　伊塞克湖州位于吉尔吉斯斯坦东部,1939 年 11 月 21 日设州建制。它的东南部、东部与中国接壤,东北部、北部与哈萨克斯坦毗邻,西北部、西部和西南部分别与本国的楚河州和纳伦州相邻。州行政中心是卡拉科尔市。伊塞克湖州因境内有高山湖泊伊塞克湖而得名。该州地处高山盆地,气候受伊塞克湖影响很大,湖水终年不结冰,对气候起着调节作用。盆地被高山环抱,可阻止冷空气入侵。滨湖地区夏季不热,7月平均气温在18摄氏度上下;冬季不太冷,南北两岸1月平均气温-2摄氏度,西部-4摄氏度,东部-10摄氏度。盆地东西部降水量相差悬殊,西部的巴雷克奇年降水量为115毫米,东部的季提尤普年降水量达569毫米。高原地区完全是大陆性气候,冬季漫长,夏季短暂凉爽。高原年降水量为200—300毫米,主要是降雪,甚至夏季也飘雪花,几乎没有无霜冻的日子。

　　吉尔吉斯斯坦旅游业是全球生态旅游市场的重要组成部分,这是许多世界大型旅游运营商的共识。一些外国游客甚至认为吉尔吉斯斯坦是第二个瑞士。吉尔吉斯斯坦旅游业的专家总结出了吉尔吉斯斯坦旅游业中4种重要的旅游类型,即休闲游、探险游、"丝绸之路"游和商务游。休闲游是旅游管理部门税收收入的首要来源,休闲游中最受欢迎的地区是伊塞克湖保护区周边地区和伊塞克湖沿岸沙滩。探险游的内容包括徒步、攀岩、马术、打猎和其他类似的运动。这种类型的旅游产品,受到越来越多游客的喜爱。拥有冰川、洞穴、湖泊和河流等多种旅游资源的吉尔吉斯斯坦面临重大发展机遇,登山、探险、高山滑雪、漂流和徒步旅行具有很好的发展前景。"丝绸之路"游则是那些沿着连接古代中国和乌兹别克斯坦的贸易之路旅行的游客的最爱。商务游包括由于出席商务活动或会议活动而出访吉尔吉斯斯坦的人员所进行的旅游活动,以及在各类型的地方市场贸易中的吉尔吉斯斯坦采购人员所进行的旅游活动。

伊塞克湖长 182 千米,最宽处 60 千米,面积近 6400 平方千米,湖面平均海拔约 1600 米,最深处约 700 米,是世界最深的高山湖泊。伊塞克湖流域面积近 1.6 万平方千米,有 118 条河流汇入,湖水清澈,透明度超过 12 米。湖水含盐量较高,故又称"盐湖"。正因如此,湖水终年不冻,伊塞克湖在吉尔吉斯语中的意思就是"热湖"。湖中生活着 20 多种鱼类,上百种禽类在湖边栖息。更令人惊奇的是,尽管含盐量较高的湖水不宜被人类直接饮用或用于农业灌溉,但无须淡化即可供饲养牲畜。中亚地区游牧先民很早就发现了这一大自然的神奇馈赠,湖周围的草场成为上佳的天然牧场。历史上,中亚地区许多民族和部落起源或曾游牧于此。如今,伊塞克湖畔依然生活着吉尔吉斯、俄罗斯、鞑靼、乌兹别克、东干等民族,湖泊所在的伊塞克湖州是吉尔吉斯斯坦重要的畜牧区。

在吉尔吉斯斯坦,有句脍炙人口的谚语:"没到过伊塞克湖,就不算到过吉尔吉斯斯坦。"相传很久以前,吉尔吉斯族和外族发生战争。吉尔吉斯族不幸战败,当族人逃亡到伊塞克湖畔时,都不由自主停住了脚步,对敌人的恐惧似乎一瞬间完全消失了。外族追兵随后赶到,面对大海般宽阔的湖面、平静碧蓝的湖水和洁白无瑕的雪山,凶狠的敌人为眼前的神奇美景所震撼,为大自然宽厚仁爱的魅力所感化,为自己残忍的杀戮行为所羞愧,纷纷放下武器,双方握手言和。从此,吉尔吉斯族人世世代代临湖而居,并将伊塞克湖视为神圣的母亲湖。苏联时期,伊塞克湖成为著名的疗养胜地,湖畔修建有阿芙乐尔疗养院,苏联高级官员经常来此休假。苏联著名吉尔吉斯族作家艾特玛托夫就是在伊塞克湖畔创作了不朽的文学著作——《白轮船》。在吉尔吉斯人心目中,伊塞克湖不仅美丽,而且神秘。传说圣徒马太的圣骨埋在湖底,也有人猜测成吉思汗墓建在湖底。2006 年,吉尔吉斯斯坦科学院组织专家对湖底进行科考,据说发现了距今 2500 年的古文明遗址。

伊塞克湖与中国渊源颇深。约 1400 年前,唐代高僧玄奘西行取经途中曾驻足湖畔。《大唐西域记》记载:"山行四百余里至大清池。……周千余里,东西广,南北狭。四面负山,众流交凑,色带青黑,味兼咸苦,洪涛浩汗,惊波汨潊。龙鱼杂处,灵怪间起,所以往来行旅,祷以祈福,水族虽多,莫敢渔捕。"这是迄今有史可考的关于伊塞克湖最早的文字记载,"大清池"这个名字自此传入中国。唐代著名边塞诗人岑参在《热海行送崔侍御还京》一诗中这样描写伊塞克湖:"海上众鸟不敢飞,中有鲤鱼长且肥。岸旁青草长不歇,空中白雪遥旋灭。"冬日黄昏,诗人在伊塞克湖畔送别友人。上有云天白雪,下有绿叶青枝,湖面热气蒸腾,纷纷扬扬的雪花遇到热气即凌空消融,肥硕的鲤鱼在湖中来回游弋,一幅亦真亦幻的塞外奇景跃然纸上。

如今的伊塞克湖是吉尔吉斯斯坦最著名的旅游胜地,碧蓝的湖水、金色的沙滩连同仿佛矗立在湖心的巍峨雪山,散发着令人难以抗拒的魅力,每年都吸引成千上万的游客前来观光,其中不少是慕名而来的中国游客。近年来,吉尔吉斯斯坦政府越来越重视发展旅游业,伊塞克湖无疑是重中之重。现代化的环湖公路连接全州 80% 的居民点,湖畔港口定期通航,州首府

卡拉科尔同中亚各国首都均开通定期航班。值得一提的是,在
2014 年和 2015 年,吉尔吉斯斯坦连续举办两届伊塞克湖世界
经济论坛。来自中国、俄罗斯、哈萨克斯坦、英国、日本等国的
政府、企业和学者代表应邀出席,"一带一路"建设成为重要议
题。历史上,伊塞克湖曾是古"丝绸之路"必经之地,无数过往
的商贾工匠、诗人学者为其奇幻的美景所倾倒。现如今,随着
中吉共建"一带一路"合作不断走向深入,古老的伊塞克湖正焕
发出新的时代光芒,见证中吉两国人民跨越天山、延续千年的
友好情谊历久弥坚。

下篇

中国与吉尔吉斯斯坦

最初的建交

　　1991 年在黑龙江省哈尔滨市举行了中苏混合委员会第三届会议。苏联吉尔吉斯共和国外经部副部长尤努索夫和哈萨克斯坦共和国外经部负责人在会议上分别介绍了各自共和国进一步改革开放和发展与中国新疆经贸合作的构想,提出了向中国倾斜的新方针。两国还决定在各自毗邻中国的地区分别建立以纳伦和科里扎特为中心的自由经济区。这表明这一时期作为苏联一部分的吉尔吉斯斯坦对同中国的经贸合作抱有很大的期望。为与经贸关系相适应,在这一阶段,中吉双方的政治关系具有礼节性、象征性和地区性特点。而到了后期,开始出现较具实质性的政治交往,交往的级别和层次也在提高。

　　吉尔吉斯共和国代表团首次来中国是 1985 年。当年正值新疆维吾尔自治区成立 30 周年庆典之际,新疆中苏友协分会邀请乌兹别克斯坦、吉尔吉斯斯坦、哈萨克斯坦代表团到乌鲁木齐参加庆祝活动。一个月之后,中国代表团也应邀前往阿拉木图市参加了庆祝十月革命胜利 68 周年的纪念活动。上述活动对增进久不往来的两国地区之间的互相了解很有好处。1989 年,戈尔巴乔夫访问中国,中苏关系正式恢复,这给中亚各共和国同中国发展关系注入了新动力。上述交往使中亚各国在苏联解体前与中国的政治和经济关系发展到了最高点。

　　苏联解体后,1992 年初,以国务院副总理李岚清为首的中国政府代表团遍访中亚五国,并与这些国家正式建立了大使级外交关系,中国成为最早在外交上承认这些国家独立地位的国家之一。此后,应中国政府的邀请,五国总统先后访问了北京。访问的成果以联合声明或联合公报的形式公布于世,如 2006 年 6 月 9 日签署的《中华人民共和国和吉尔吉斯共和国联合声明》①,主要内容如下:

"二、中方重申……双方表示将恪守《中华人民共和国和吉尔吉斯共和国睦邻友好合作条约》,全力落实《中华人民共和国和吉尔吉斯共和国 2004 年至 2014 年合作纲要》,愿继续保持和开展包括高层互访在内的各级别交往,不断扩大和深化两国各领域的交流与合作,将中吉睦邻友好合作关系提高到新的水平。

"三、双方强调,《中华人民共和国政府和吉尔吉斯共和国政府关于中吉国界线的勘界议定书》及其所附的中华人民共和国和吉尔吉斯共和国国界线地图具有重大历史意义,标志着两国边界问题获得彻底解决。这为新世纪中吉关系的发展开辟了更为广阔的前景。双方决心严格遵守两国签订的所有关于边界问题的协定和文件,切实按照新勘定的国界线实施管辖并加强边界管理合作,积极致力于将两国边界建设成永久和平、世代友好的边界。

"四、吉方重申奉行一个中国政策,中华人民共和国政府是代表全中国的唯一合法政府,台湾是中国领土不可分割的一部分。吉方反对包括'法理台独'在内的任何形式的'台湾独立',反对制造'两个中国''一中一台'的企图,反对台湾加入任何必须由主权国家参加的国际组织。吉方不与台湾建立任何形式

---

① 联合声明全文见 http://www.gov.cn/gongbao/content/2006/content_346290.htm。

的官方关系和进行官方往来。中方对吉方这一原则立场表示高度赞赏。

"中方重申支持吉尔吉斯共和国为维护国家独立、主权和领土完整以及为维护国内稳定、发展民族经济所作的努力，并高度评价吉尔吉斯共和国为巩固中亚地区安全、稳定与合作所作的贡献。

"…………

"十、双方对近年来两国经贸合作取得的进展感到满意，决定进一步采取有效措施，充分发挥中吉经贸合作混委会的作用，深入挖掘经贸合作潜力，发挥互补优势，改善贸易结构，不断提高合作水平。双方表示将进一步改善贸易和投资环境，积极支持两国企业在对方国家开展生产和经济贸易活动。

"作为世界贸易组织成员，双方愿进一步加强在该组织中的合作。中方高度评价吉方承认中国完全市场经济地位。

"…………

"十二、双方表示，交通运输领域的合作对促进双边经贸合作的深入发展具有重要意义。双方将扩大公路交通运输和过境运输的能力，在公路、铁路和航空运输方面相互提供便利条件。双方支持扩大两国及过境运输，促进《上海合作组织成员国政府间国际道路运输便利化协定》早日签署。

"双方指出，尽快修复和开通中国—吉尔吉斯斯坦—乌兹别克斯坦跨国公路对促进三国友好关系和经贸合作、推动本地区经济发展具有重要意义。双方将为该项目的顺利实施创造一切必要条件。双方愿与乌兹别克斯坦方面一道，继续进行建设中国—吉尔吉斯斯坦—乌兹别克斯坦铁路的经济技术论证，并研究融资问题，积极推动该项目取得进展。

"十三、双方表示支持发展和完善两国人文领域的合作，加强文化、教育、卫生、环保、旅游、体育、信息等方面的交流。双方将积极促进两国青年团体的交流,加强在互换教师和大学生方面的合作,鼓励扩大两国高等教育学校和科研机构的交流与合作。双方商定,2007 年在吉尔吉斯共和国举办'中国文化日'活动,2008 年在中国举办'吉尔吉斯共和国文化日'活动。

"…………

"十五、双方指出,上海合作组织成立 5 年来,已发展成为深化成员国睦邻互信和互利合作的重要机制,维护地区和平、安全与稳定的重要力量,促进国际关系民主化的重要因素。双方强调,将采取切实措施,与其他成员国一道,推动上海合作组织在安全、经济、人文等领域的务实合作不断深化和拓展,为维护地区安全与稳定发挥更大的作用。今年 6 月 15 日在上海举行的成员国元首会议将成为上海合作组织发展进程中的重要里程碑,为该组织框架内更有效的合作创造良好条件。"

应中华人民共和国国家主席习近平邀请,吉尔吉斯共和国时任总统索隆拜·热恩别科夫于 2018 年 6 月 6 日至 8 日对中华人民共和国进行国事访问。两国元首在热情友好的气氛中举行会谈,高度评价中华人民共和国和吉尔吉斯共和国建交 26 年来双边关系和各领域合作取得的丰硕成果,就进一步提升中吉关系水平、深化各领域互利合作以及共同关心的国际和地区问题深入交换意见,达成广泛共识。2018 年 6 月 6 日,中吉双方签署《中华人民共和国和吉尔吉斯共和国关于建立全面战略伙伴关系联合声明》[①]。"双方重申 2002 年 6 月 24 日签署的《中华人民共和国和吉尔吉斯共和国睦邻友好合作条约》、2013

---

① 联合声明全文见 http://www.gov.cn/xinwen/2018－06/07/content_5296691.htm。

年 9 月 11 日签署的《中华人民共和国和吉尔吉斯共和国关于建立战略伙伴关系的联合宣言》和 2014 年 5 月 18 日签署的《中华人民共和国和吉尔吉斯共和国关于进一步深化战略伙伴关系的联合宣言》及其他双边文件为两国关系发展奠定了坚实的法律基础,推动双方合作提升到新的更高水平。双方一致认为,2013 年 9 月,中吉建立战略伙伴关系以来,双方高层交往、政治互信、互利合作均达到前所未有的高水平。当前,中吉两国之间政治互信不断巩固,安全、军贸、科技、文化、教育等领域合作成果丰硕,在联合国、上海合作组织等多边组织框架内密切协调配合。"基于当前中吉关系发展的现实需要和两国继续积极推进各领域合作的愿望,中吉双方决定建立全面战略伙伴关系,并做出声明如下:

"双方决定,在互相尊重主权和领土完整、互不干涉内政、平等互利的基础上,并根据双方自 1992 年两国建交以来基于公认国际法原则签署的一系列双边协议,不断巩固睦邻友好和真诚互信,扩大互利合作,拓展人文交流。双方相信,这不仅符合两国共同利益,促进两国和两国人民的共同发展和繁荣,而且有利于维护和巩固本地区以及全球的和平、稳定和发展。

"双方重申,不参加任何损害对方主权、安全和领土完整的联盟或集团,也不同第三国缔结此类条约。不允许第三国、任何组织、团体或人员在本国领土上从事损害对方国家主权、安全和领土完整的活动。

"双方将保持各级别密切交往,及时就双边关系和共同关心的重大国际和地区问题交换意见,进一步推动两国政府部门、立法机构、社会团体、企业和金融机构等开展合作。

"中方高度评价吉尔吉斯共和国独立以来在国家建设事业中取得的重大成就,坚定支持吉人民独立自主选择的发展道路,理解和尊重吉尔吉斯共和国政府为维护国家内部稳定、促进社会经济发展所采取的一切措施。

"吉方高度评价习近平新时代中国特色社会主义思想,认为其为中国未来发展指明了方向,对建立人类命运共同体具有划时代的重大意义。

"吉方坚定奉行一个中国政策,重申中华人民共和国政府是代表全中国的唯一合法政府,台湾是中国领土不可分割的一部分。吉方反对任何形式的'台湾独立',支持两岸关系和平发展和中国政府为实现国家统一所作的一切努力。

"吉方支持中方提出的共建'一带一路'倡议。双方认为,共建'一带一路'合作对推动双边关系发展和加强地区合作具有重要意义。

"…………

"双方将继续加强在联合国、上海合作组织、亚信等多边机制框架内的相互支持与合作,就重大国际和地区问题及时交换意见,共同应对全球性和区域性挑战,维护两国共同利益,继续就符合双方共同利益的倡议加强协作。"

此外,中国与哈萨克斯坦于 2002 年 12 月 23 日签订《中华人民共和国和哈萨克斯坦共和国睦邻友好合作条约》,2011 年 6 月 13 日签订《中华人民共和国和哈萨克斯坦共和国关于发展全面战略伙伴关系的联合声明》,2015 年 8 月 31 日签订《中华人民共和国和哈萨克斯坦共和国关于全面战略伙伴关系新阶段的联合宣言》,2017 年 6 月 8 日签订《中华人民共和国和哈萨克斯坦共和国联合声明》,2018 年 6 月 7 日签订《中华人民共和国和哈萨克斯坦共和国联合声明》;中国与塔吉克斯坦于 2007 年 1 月 15 日签订《中华人民共和国和塔吉克斯坦共和国睦邻友好合作条约》,2013 年 5 月 20 日签订《中华人民共和国和塔吉克斯坦共和国关于建立战略伙伴关系的联合宣言》,2014 年 9 月 13 日签订《中华人民共和国和塔吉克斯坦共和国关于进一步发展和深化战略伙伴关系的联合宣言》,2017 年 8 月 31 日签订《中华人民共和国和塔吉克斯坦共和国关于建立全面战略伙伴关系的联合声明》;中国与乌兹别克斯坦于 2013 年 9 月 9 日签订《中华人民共和国和乌兹别克斯坦共和国友好合作条约》《中华人民共和国和乌兹别克斯坦共和国关于进一步发展和深化战略伙伴关系的联合宣言》,2014 年 8 月 19 日签订《中华人民共和国和乌兹别克斯坦共和国联合宣言》,2016 年 6 月 22 日签订《中华人民共和国和乌兹别克斯坦共和国联合声明》;中国与土库曼斯坦于 2008 年 8 月 29 日签订《中华人民共和国和土库曼斯坦联合声明》等。

以上声明与共识既是中亚五国与中国发展新的国家间关系的起点,同时又构成了它们与中国进一步加深合作的政治框架和基础。

在政治关系全面确立的同时,中国与中亚五国的经贸关系在这一时期的发展也十分引人注目。刚刚独立后的五国经济非常困难,日用品匮乏,对中国商品的需求量很大,因此双方的贸易额直线上升。1992 年吉尔吉斯斯坦与中国的贸易额为 3548 万美元,1993 年则为 1.02 亿美元。双方的贸易额虽比较大,但仍属于低水平的贸易。贸易缺乏规范,有实力的大公司介入得不多。

1994—1996 年,中亚各国与中国的关系进入一个新的阶段。在这一时期,中国和中亚各国之间除共同发表和重申一些原则声明外,双方的关系已进入解决实质性问题的阶段,如中国与哈、吉等国开始商讨解决边界问题、贸易问题。同时,各国还与中国就维护地区稳定等问题展开对话与合作。

1996 年 4 月 26 日,中、俄、哈、塔、吉五国元首在上海签署《关于在边境地区加强军事领域信任的协定》,以中国为一方和以哈萨克斯坦、吉尔吉斯斯坦、俄罗斯、塔吉克斯坦为另一方缔结。规定双方部署在边境地区的军事力量互不进攻;双方不进行针对对方的军事演习;限制军事演习的规模、范围和次数;相互通报边境 100 千米纵深地区的重要军事活动情况;彼此邀请观察军事演习;预防危险军事活动;加强双方边境地区军事力量和边防部队之间的友好交往。这正是上海合作组织的前身。这一协定是中国和原苏联国家在"冷战"结束后,在地区范围内建立新的国家间关系的重大举措,它不仅会对中国同这些国家间的未来关系发展产生积极影响,而且对亚太地区各国间增进相互信任、发展睦邻友好关系也是一个很有意义的启示、探索和创举。

在这一阶段,通过互访和商谈,中国和中亚各国之间开始逐步建立符合国际惯例的贸易规范,签订了一些贸易、经济和金融协定,同时鼓励双方有实力的大企业和大公司进行合作。以此为契机,中亚各国与中国的经贸关系逐步走上正轨。

中国凭借自身地缘优势支持中亚各国和亚洲其他国家间开展交流与合作,第二条欧亚大陆桥贯通以后,中国和中亚有关国家积极合作,解决通过这条钢铁"丝绸之路"进行客货运输的问题,从而使这些国家在独立后不久就获得了通向太平洋地区的最便捷的通道。

元首外交是引领中吉关系不断前行的根本保证。2013 年9 月,习近平主席对吉尔吉斯斯坦进行国事访问,中吉建立战略伙伴关系。2018 年 6 月,吉总统热恩别科夫对中国进行国事访问,两国领导人决定将中吉关系提升为全面战略伙伴关系。

当代中吉经济关系

吉尔吉斯斯坦与中国同为世界贸易组织、国际货币基金组织、上海合作组织等成员,这为两国经贸合作搭建了重要的平台。随着吉尔吉斯斯坦与中国的政治关系的发展,中吉两国的边境地区和平稳定,两国经济往来越来越密切。吉尔吉斯斯坦制造业相对落后,农业是其支柱产业,其国内民众所需各类用品皆从国外进口。目前,吉尔吉斯斯坦与中国的经济来往及合作主要体现在日常生活用品、能源及矿产品方面。

1995 年 6 月 13—15 日,中吉政府间经济贸易合作委员会第一次会议在比什凯克举行。1996 年 7 月 27—29 日,中国民用航空总局副局长率团访问吉尔吉斯斯坦,与吉尔吉斯斯坦国家航空公司总裁会谈并签署合作谅解备忘录。同年 12 月 9—11日,中吉政府间经济贸易合作委员会第二次会议在北京举行。

1997 年 7 月 21 日,吉尔吉斯斯坦总理阿帕斯·朱马古洛夫、新疆维吾尔自治区人民政府主席阿不来提·阿不都热西提、中国驻吉尔吉斯斯坦大使姚培生等出席中吉伊尔克什坦口岸开通仪式。1998 年 4 月 10—13 日,中吉政府间经济贸易合作委员会第三次会议在比什凯克举行。1999 年 12 月 15—20日,中吉政府间经济贸易合作委员会第四次会议在北京举行。2000 年 3 月 20 日,中吉双方签署关于中国加入世界贸易组织的双边协议。2001 年 4 月 11—13 日,中吉政府间经济贸易合作委员会第五次会议在比什凯克举行。2002 年 8 月 26—30

日,中国外经贸部部长助理率中国政府经贸代表团访问吉尔吉斯斯坦,分别会见吉尔吉斯斯坦总统阿卡耶夫、总理塔纳耶夫、副总理奥托尔巴耶夫、外交部部长艾特玛托夫、贸工部部长吉延别科夫,并与吉尔吉斯斯坦总理共同出席中吉合资造纸厂竣工典礼。

2002年,中国对吉尔吉斯斯坦进出口总额为2.02亿美元,其中中方出口额为1.46亿美元,进口额为0.56亿美元。①

2003年,中国对吉尔吉斯斯坦进出口总额为3.14亿美元,同比增长55.45%。其中,中国对吉尔吉斯斯坦出口额为2.45亿美元,同比增长67.81%;进口额为0.69亿美元,同比增长23.21%。

2004年5月19—20日,中吉政府间经济贸易合作委员会第六次会议在北京举行。同年9月10—13日,中国商务部部长助理傅自应率团访问吉尔吉斯斯坦,分别与吉尔吉斯斯坦总理、外交部部长兼中吉政府间经济贸易合作委员会吉方主席会谈。2004年,中国对吉尔吉斯斯坦进出口总额为6.02亿美元,同比增长91.72%。其中,中国对吉尔吉斯斯坦出口额为4.92亿美元,同比增长100.82%;进口额为1.10亿美元,同比增长59.42%。

2005年,中国对吉尔吉斯斯坦进出口总额为9.72亿美元,同比增长61.46%。其中,中国对吉尔吉斯斯坦出口额为8.67亿美元,同比增长76.22%;进口额为1.05亿美元,同比减少4.55%。

2006年5月17日,中吉政府间经济贸易合作委员会第七次会议在比什凯克举行。2006年,中国对吉尔吉斯斯坦进出口

---

①　数据源自中国国家统计局及海关总署等(特殊说明除外),下同。

总额为 22.26 亿美元,同比增长 129.01%。其中,中国对吉尔吉斯斯坦出口额为 21.13 亿美元,同比增长 143.71%;进口额为 1.13 亿美元,同比增长 7.62%。

2007 年,中国对吉尔吉斯斯坦进出口总额为 37.79 亿美元,同比增加 69.77%。其中,中国对吉尔吉斯斯坦出口额为 36.65 亿美元,同比增长 73.45%;进口额为 1.14 亿美元,同比增长 0.88%。

2008 年,中国对吉尔吉斯斯坦进出口总额为 93.33 亿美元,同比增长 146.97%。其中,中国对吉尔吉斯斯坦出口额为 92.12 亿美元,同比增长 151.35%;进口额为 1.21 亿美元,同比增长 6.14%。中国已超越哈萨克斯坦,成为吉尔吉斯斯坦第二大贸易伙伴国。

2009 年,受世界经济危机的影响,两国贸易额缩减,但整体保持稳定。中国是吉尔吉斯斯坦第三大贸易伙伴国。中国对吉尔吉斯斯坦进出口总额为 53.30 亿美元,同比减少 42.89%。其中,中国对吉尔吉斯斯坦出口额为 52.81 亿美元,进口额为 0.49 亿美元,贸易顺差为 52.32 亿美元。2009 年中国对吉尔吉斯斯坦出口额较 2008 年减少了 39.31 亿美元,同比减少 42.67%;进口额较 2008 年减少了 0.72 亿美元,同比减少 59.5%。

2010 年,中国对吉尔吉斯斯坦进出口总额为 41.99 亿美元,同比减少 21.22%。其中,中国对吉尔吉斯斯坦出口额为 41.27 亿美元,同比减少 21.85%;进口额为 0.72 亿美元,同比增加 46.94%。据吉方统计,2010 年瑞士、阿联酋、俄罗斯、哈萨克斯坦和美国为吉尔吉斯斯坦前五大出口目的国,俄罗斯、中国、哈萨克斯坦、美国和乌兹别克斯坦为吉尔吉斯斯坦前五大进口来源国,占比分别为 33.8%、20.6%、11.7%、5.9% 和

3.2%。中国为吉尔吉斯斯坦第二大贸易伙伴国、第二大进口
来源国和第九大出口目的国。

2011 年中国对吉尔吉斯斯坦进出口总额为 49.76 亿美元，
同比增长 18.5%。其中，中国对吉尔吉斯斯坦出口额为 48.78
亿美元，同比增长 18.2%；进口额为 0.98 亿美元，同比增长
36.11%。中国为吉尔吉斯斯坦第二大贸易伙伴国、第二大进
口来源国和第七大出口目的国。

2012 年 9 月 3 日，作为第二届中国—亚欧博览会重要内容
的上海合作组织商务日活动在乌鲁木齐举行。吉尔吉斯斯坦
经济和反垄断政策部部长萨里耶夫与中国企业家代表举行圆
桌会议，双方就经贸、交通运输、通关、旅游等领域的合作进行
了深入探讨和磋商。2012 年，中国对吉尔吉斯斯坦进出口总额
为 51.62 亿美元，同比增长 3.74%。其中，中国对吉尔吉斯斯
坦出口额为 50.73 亿美元，同比增长 4%；进口额为 0.89 亿美
元，同比减少 9.18%。2012 年，中国是吉尔吉斯斯坦第二大贸
易伙伴国（占比为 17.5%）、第三大进口来源国（占比为
9.7%）、第五大出口目的国（占比为 3.6%）。

据吉方统计，2013 年，吉尔吉斯斯坦贸易伙伴共计 143 个，
中国为吉尔吉斯斯坦第二大贸易伙伴国（占比为 18.9%）、第二
大进口来源国（占比为 23.9%）和第八大出口目的国（占比为
2%）。中国对吉尔吉斯斯坦进出口总额为 51.38 亿美元，同比
减少 0.46%。其中，中国对吉尔吉斯斯坦出口额为 50.76 亿美
元，同比增长 0.06%；进口额为 0.62 亿美元，同比减少
30.34%。2013 年，中国是吉尔吉斯斯坦第一大直接外资来源
国。中国对吉尔吉斯斯坦的投资额为 4.545 亿美元，占其吸引
直接外资总额的 45.8%。

2014 年，中国对吉尔吉斯斯坦进出口总额为 52.97 亿美

元,同比增长 3.09％。其中,中国对吉尔吉斯斯坦出口额为
52.42 亿美元,同比增长 3.27％;进口额为 0.55 亿美元,同比
减少 11.29％。中吉贸易额在吉尔吉斯斯坦外贸总额中占比为
17％,中国为吉尔吉斯斯坦第二大贸易伙伴国。中国为吉尔吉
斯斯坦第二大进口来源国,从中国进口额占吉尔吉斯斯坦总进
口额的 21.3％,吉方进口的主要商品为服装及服装配件、铸铁
和钢铁等。

2015 年,中国对吉尔吉斯斯坦进出口总额为 43.40 亿美
元,同比减少 18.07％。其中,中国对吉尔吉斯斯坦出口额为
42.82 亿美元,同比减少 18.31％;进口额为 0.58 亿美元,同比
增长 5.45％。吉尔吉斯斯坦与 144 个国家(地区)有贸易关系,
中吉贸易额占吉尔吉斯斯坦整体外贸总额的 18.5％,中国是吉
尔吉斯斯坦第二大贸易伙伴国和进口来源国。2015 年 9 月 28
日,中国人民银行行长周小川应邀访问吉尔吉斯斯坦央行,并
与吉尔吉斯斯坦央行行长签署了加强合作的意向协议,以推动
两国央行在本币结算、货币互换等相关领域的合作。访问期
间,周小川还会见了吉尔吉斯斯坦总统阿塔姆巴耶夫及总理萨
里耶夫,双方就两国经济金融形势、双边金融合作和"丝绸之路
经济带"的建设等问题交换了意见。

2016 年 5 月 22 日,中国外交部部长王毅出访吉尔吉斯斯
坦,与吉尔吉斯斯坦外交部部长阿布德尔达耶夫举行了会谈。
阿布德尔达耶夫表示:"中国是吉尔吉斯斯坦最主要的贸易伙
伴之一,中方支持吉方提出的将中国的过剩产能企业转移到吉
尔吉斯斯坦的建议,吉方近期将向中方提交包含约 40 个项目
的合作清单,双方相关部门将就此积极开展工作。此外,中方
还将支持扩大吉尔吉斯斯坦产品对华出口,尤其是开放农产品
和加工产品市场,取消可能存在的壁垒,为此吉国企业应当抓

住这一良机,但是吉方的商品也应当在中国市场具有竞争力。"

中国与吉尔吉斯斯坦合作范围广泛,涉及贸易、工程承包、通信服务、矿产资源勘探和开发、农业种植、养殖、食品和农产品加工、金属冶炼、建材生产、轻工业、运输、房地产开发、建筑、餐饮、旅游、娱乐等多个领域和行业。根据吉尔吉斯斯坦国家统计委员会的统计报告,2014 年,在吉尔吉斯斯坦服务业经营的中资企业数量为 125 家,其中,48 家从事贸易及汽车与日用品维修等,9 家经营宾馆、饭店,68 家提供市场服务,给吉尔吉斯斯坦提供了大量的工作岗位,为两国经济发展注入了无限活力。

在矿产资源和石油加工领域,中国企业在吉尔吉斯斯坦主要从事矿产资源开发与石油加工,企业投资规模大,产品数量多。例如,中国神州矿业股份公司在 2008 年获得了吉尔吉斯斯坦大型铜金矿开发权,该矿山位于吉尔吉斯斯坦西部,矿山黄金储量约为 97.36 吨,铜储量约为 102 万吨。中国紫金矿业集团下属子公司超泰有限公司拥有吉尔吉斯斯坦的大金矿——塔迪布拉克左岸金矿 60% 的股份。2014 年投入运行的中大石油公司,是 2015 年吉尔吉斯斯坦最大的加工企业,也是最大的中资企业,占地 350 公顷,受到当地政府的高度重视,在很大程度上保障了吉尔吉斯斯坦的能源安全。

在农业领域,两国合作前景广阔。中国拥有先进的农业技术,而吉尔吉斯斯坦拥有丰富的自然资源,两国优势互补,往来交通便利,在农业和农产品、畜产品及食品加工领域密切合作。

随着两国居民生活水平的提升,服务业也在两国逐渐发展。旅游业中主要代表企业是西域旅行社、中旅驻吉代表处。在通信技术领域,在吉尔吉斯斯坦主要有中兴通讯、华为两家中国公司。在商业领域,中国企业主要集中于比什凯克市的多尔多伊市场和奥什市的卡拉苏市场,大型企业有新疆大得实业发展公司投资经营的大唐商城,主要经营中国生产的中高档商品,有家具、家电、电脑和少量服装等。另外,还有中国成套设备进出口公司、京新公司、阿山凯丁集团等中国企业进驻吉尔吉斯斯坦。

近些年,中吉两国在能源、交通和基础设施建设等领域签订了系列重大协议,在国家层面积极推进两国经济发展。重大合作项目包括吉—中天然气管线、达特卡—克明输变电工程、北南公路、中国—吉尔吉斯斯坦—哈萨克斯坦—俄罗斯铁路、奥什—萨雷塔什—伊尔克什坦公路、奥什—巴特肯—伊斯法纳公路、比什凯克—巴雷克奇公路等。

达特卡至克明的 500 千伏南北输变电工程由中国特变电工股份有限公司承建(自 2012 年 8 月开始建设),是在上海合作组织框架内利用中国政府优惠买方信贷实施的重要工程项目,是中吉两国政府最大的能源合作项目、吉尔吉斯斯坦国家电网的重大能源项目工程、南北输变电通道大动脉工程,也是两国共建"丝绸之路经济带"的重要举措。工程的合同总金额将近 3.9 亿美元,建设工期为 36 个月。在中国建设者和吉尔吉斯斯坦电力系统工作人员的共同努力下,2015 年 8 月 31 日该工程全线竣工,吉尔吉斯斯坦总统阿塔姆巴耶夫出席竣工仪式并表示对中国的感谢。这一工程为吉尔吉斯斯坦人民带来长期福祉,极大地推动了吉尔吉斯斯坦经济发展,保障了吉尔吉斯斯坦能源独立、能源安全和电力供应的稳定。

2014 年 12 月 30 日,吉尔吉斯斯坦总统阿塔姆巴耶夫签署法案,批准《中吉政府间关于建设与运营"吉尔吉斯—中国"天然气管线协议》。吉—中天然气管线可将土库曼斯坦生产的天然气,经乌兹别克斯坦、塔吉克斯坦和吉尔吉斯斯坦输送到中国。吉方境内段总长 224 千米,管道直径 1219 毫米,设计输气量 300 亿立方米/年,项目总期限 35 年,其中建设期 3 年,中方总投资约 14 亿美元。管道建成运营后,中方按过境输气量每年向吉方支付特别税,第一年约为 4000 万美元,其后价格将随输气量增加而上涨。

吉尔吉斯斯坦的北南公路总长为 433 千米,是连接吉尔吉斯斯坦南部和北部的重要道路中枢,该项目分 3 期完成。2014 年 5 月 2 日,吉尔吉斯斯坦总统阿塔姆巴耶夫在贾拉拉巴德州出席北南公路一期项目开工仪式。北南公路一期项目总长 154 千米,利用的是中国政府向上海合作组织成员国提供的优惠出口买方信贷及中国进出口银行给吉尔吉斯斯坦政府提供的贷款共计 4 亿美元,由中国路桥工程有限公司和新疆北新路桥集团股份有限公司承建,合同工期为 45 个月。北南公路二期工程总长 96 千米,其中包括 700 米长的隧道,该项目由中国政府和中国进出口银行提供贷款,共计 3 亿美元。2015 年 6 月 15 日,吉尔吉斯斯坦总统阿塔姆巴耶夫签署了关于批准中方为吉尔吉斯斯坦北南公路二期项目提供贷款融资协议的法案,并在 6 月 26 日由吉议会审议通过。

中国还为比什凯克市内 3 段道路的修复提供了无偿援助。2015 年 7 月 22 日,中国驻吉尔吉斯斯坦大使齐大愚参加比什凯克—巴雷克奇公路(147—172 千米路段)修复项目竣工仪式,并慰问该项目承建单位——中国路桥工程有限公司驻巴雷克奇市项目部工作人员。

面对复杂的国际形势及经济全球化发展,中吉两国联系越来越密切,经贸合作也富有成效。两国政府为积极推动双边贸易发展做出了一系列政策性改革和关税调整,签署了一系列协议。中吉两国通过国家贸易、地区贸易和边境贸易等方式开展贸易活动。

中国从吉尔吉斯斯坦进口的商品主要包括:铜及其制品,铁矿砂、矿渣及矿灰,矿物燃料、矿物油及其产品,沥青,电机、电器、音像设备及其零附件,羊毛、马毛、纱线及其机织物,铝及其制品,铅及其制品,无机化学品,贵金属的化合物,等等。吉尔吉斯斯坦从中国进口的商品主要为禽肉、服装、铸铁和钢铁等。

中国提出"一带一路"倡议后,中亚各国都积极响应,一致认为这是一个非常有前景的倡议,可以促进中亚的区域合作与发展。"一带一路"倡议可以将整个中亚地区变成欧洲与亚洲的重要桥梁,为欧亚大陆中心地带的国家带来稳定安全的发展环境,帮助两大洲的各个国家充分发挥它们的生产和消费潜力,极大地促进中亚国家经济、贸易、文化和商业活动等领域的发展。吉尔吉斯斯坦位于欧亚大陆的枢纽位置,是世贸组织、独联体、欧亚共同体、上海合作组织等多个国际组织成员,是"一带一路"倡议必不可少的参与者。

吉尔吉斯斯坦经济自由度高,市场准入比较宽松,过境运输优势明显,贸易投资条件极为便利,可作为生产、加工、商品分拨转运等基地,便于商品向中亚及独联体其他国家辐射。在吉尔吉斯斯坦的国家发展战略中,有一部分可以与"一带一路"倡议对接,重点是发展通信和重大基础设施项目,其中一些项目目前与中国共同实施。中国在吉尔吉斯斯坦投资和建设的合作项目包括公路建设、矿产资源勘探开发、通信设备供应、商品分拨、餐饮等。中吉两国确定的主要合作方向有两个:一是扩大由中国经吉尔吉斯斯坦通向欧洲的光纤传输网,二是建立高科技物流中心及发展合作电子商务。

在"一带一路"倡议框架下,中国公司承建的连通中国和吉尔吉斯斯坦及其周边国家的基础设施建设工程是非常成功的互联互通项目,为吉尔吉斯斯坦及"一带一路"沿线国家的经济社会发展带来立竿见影的效果。吉尔吉斯斯坦一直是"一带一路"倡议的重要参与者,毫无疑问吉尔吉斯斯坦将全力以赴,为共建"一带一路"注入新活力,以实现共同发展,深化互利合作,加强各国人民之间的友谊。

2016 年,中国是吉尔吉斯斯坦的第一大投资来源国,投资额占吉尔吉斯斯坦外商直接投资总额的 44.2%。当然,两国间的合作不仅仅限于经贸,吉尔吉斯斯坦还希望与中国建立更深层次的联系。吉方表示,发展同中国的关系永远是吉尔吉斯斯坦外交政策的优先方向。"一带一路"倡议对于吉尔吉斯斯坦有着非常重要的意义,相信在"一带一路"倡议框架下,未来中吉两国在农业、能源、基础设施等多个领域的合作前景会非常广阔。

2017 年中吉双边货物贸易总额约 56 亿美元,对中国出口额占吉进出口总额的 27%。2017 年吉尔吉斯斯坦通过改善投资政策、项目推介,积极吸引中国投资,取得了明显成效。中国企业对吉投资主要集中在能源、橡胶、塑料制造和非金属矿产生产、地质勘探和矿产品开采等领域。2016 年,中国路桥集团与吉国家铁路公司签约,参与吉尔吉斯斯坦铁路、公路、隧道、机场以及其他基础设施建设。

据吉尔吉斯斯坦塔扎别克新闻网 2 月 12 日的报道,吉尔吉斯斯坦国家统计委员会发布消息称,2018 年全年中国和吉尔吉斯斯坦贸易额为 20.03 亿美元,同比增长 25%(2017 年全年中吉贸易额为 15.98 亿美元)。其中,吉从中国进口额为 19.42 亿美元,同比增长 30%;吉向中国出口额为 0.61 亿美元,同比下降 38%。吉从中国进口主要商品为鞋类、服装、化纤、食品,向中国出口主要商品为矿石、精矿、贵金属。此外,吉开始向中国出口蜂蜜。

根据吉海关统计数据,2019 年 1 月中吉贸易额为 1.95 亿美元,同比增长 6.6%。其中,吉向中国出口 650 万美元,同比下降 32.2%;吉从中国进口 1.88 亿美元,同比增长 8.7%。中国为吉第一大贸易伙伴国(占吉外贸总额的 42.7%)和第一大进口来源国(占吉进口总额的 51.6%)。

上海合作组织创始成员国

　　吉尔吉斯斯坦是上海合作组织创始成员国。上海合作组织的前身是成立于 1989 年的"上海五国"会晤机制,是中国、俄罗斯、哈萨克斯坦、吉尔吉斯斯坦、塔吉克斯坦关于加强边境地区信任和推动裁军的谈判进程的组织。上海合作组织是第一个以中国城市命名的国际组织,正式成立于 2001 年 6 月 15 日,是中华人民共和国、哈萨克斯坦共和国、吉尔吉斯共和国、俄罗斯联邦、塔吉克斯坦共和国、乌兹别克斯坦共和国在中国上海宣布成立的永久性政府间国际组织。出生于比什凯克的穆拉特别克·伊马纳利耶夫曾任第三任上海合作组织秘书长、吉尔吉斯斯坦总统顾问、吉尔吉斯斯坦驻华大使、吉尔吉斯斯坦外交部部长等职位。

　　中华人民共和国和吉尔吉斯共和国两国元首高度评价上海合作组织成立以来在促进并深化成员国之间睦邻互信与友好关系、巩固地区安全和稳定、促进联合发展方面发挥的积极作用,一致认为上海合作组织的建立和发展顺应了冷战结束后人类要求和平与发展的历史潮流,展示了具有不同文明背景、传统文化存在差异的国家通过互尊互信实现和平共处、团结合作的巨大潜力。特别要指出的是,中华人民共和国、哈萨克斯坦共和国、吉尔吉斯共和国、俄罗斯联邦和塔吉克斯坦共和国国家元首分别于 1996 年和 1997 年在中国上海和俄罗斯莫斯科签署的《关于在边境地区加强军事领域信任的协定》和《关于在边境地区相互裁减军事力量的协定》，以及在哈萨克斯坦阿拉木图(1998年)、吉尔吉斯斯坦比什凯克(1999年)、塔吉克斯坦杜尚别(2000年)会谈期间签署的总结性文件，为维护地区和世界的和平、安全与稳定做出了重要贡献，大大丰富了当代外交和地区合作的实践，在国际社会产生了广泛、积极的影响。在21世纪政治多极化、经济和信息全球化进程不断加快的背景下，将上海合作组织提升到更高的合作层次，有利于成员国更有效地共同利用机遇和应对新的挑战与威胁。

上海合作组织的宗旨是：加强成员国之间的互相信任与睦邻友好；发展成员国在政治、经贸、科技、文化、教育、能源、交通、环保等领域的有效合作；共同维护地区和平、安全与稳定，推动建立民主、公正、合理的国际政治经济新秩序。

上海合作组织每年举行一次成员国国家元首正式会谈，定期举行政府首脑会谈，轮流在成员国举行。为扩大和加强各领域合作，除业已形成的相应部门领导人会谈机制外，可视情况组建新的会谈机制，并建立常设和临时专家工作组研究进一步开展合作的方案和建议。

上海合作组织在合作进程中形成的以"互信、互利、平等、协作、尊重多样文明、谋求共同发展"为基本内容的"上海精神"，是本地区国家几年来于合作中积累的宝贵财富，应继续发扬光大，使之成为21世纪上海合作组织成员国的国家关系基本准则。

上海合作组织成员国将严格遵守《联合国宪章》的宗旨与原则；相互尊重独立、主权和领土完整，互不干涉内政，互不使用或威胁使用武力；所有成员国一律平等；通过相互协商解决所有问题；不结盟，不针对其他国家和组织；对外开放，愿与其他国家及有关国际和地区组织开展各种形式的对话、交流与合作。

　　上海合作组织尤其重视并尽一切必要努力保障地区安全。成员国为落实《打击恐怖主义、分裂主义和极端主义上海公约》而紧密合作。此外,为遏止非法贩卖武器和毒品、非法移民和其他犯罪活动,还制定相应的多边合作文件。

　　上海合作组织成员国注重加强在地区和国际事务中的磋商与协调行动,在重大国际和地区问题上互相支持和密切合作,共同促进和巩固本地区及世界的和平与稳定。在当前国际形势下,维护世界战略平衡与稳定具有特别重要的意义。

　　冷战结束后,国际和地区形势发生很大变化。中、俄、哈、吉、塔为加强睦邻互信与友好合作关系,加紧就边界地区信任和裁军问题举行谈判。1996 年 4 月 26 日和 1997 年 4 月 24 日签署的《关于在边境地区加强军事领域信任的协定》和《关于在边境地区相互裁减军事力量的协定》是亚太地区最早的两份多国双边政治军事文件,受到国际社会广泛关注和高度评价。

　　合作内容主要包括政治合作、安全合作、经济合作(涵盖贸易投资、海关、金融、税收、交通、能源、农业、科技、电信、环保、卫生等领域)、教育合作、国际司法合作等。同时,上海合作组织在文化、环保、紧急救灾等领域合作进展顺利,取得积极成果。

　　2007 年 8 月 16 日,在上海合作组织比什凯克元首峰会上,俄罗斯总统普京倡议成立"上海合作组织大学",得到各成员国的一致赞同。2009 年上半年,成员国五方协商一致,共同确定区域学、生态学、能源学、IT 技术和纳米技术等 5 个专业为优先合作方向,并按照基本的要求和标准遴选出了本国的项目院校共计 53 所。2010 年 9 月 23 日,第三次上海合作组织成员国教育部长会议决议,上海合作组织大学项目院校增至 62 所,其中哈萨克斯坦 13 所、吉尔吉斯斯坦 8 所、中国 15 所、俄罗斯 16

所、塔吉克斯坦 10 所。中方的 15 所项目院校为：纳米技术——北京大学、清华大学、华中科技大学，生态学——兰州大学、山东大学、东北师范大学，IT 技术——吉林大学、长春理工大学，区域学——北京外国语大学、首都师范大学、新疆大学、黑龙江大学，能源学——华北电力大学、中国石油大学（北京）、哈尔滨工业大学。

"中国—上海合作组织国际司法交流合作培训基地"于 2014 年 5 月 20 日正式在上海政法学院奠基揭牌，于 2017 年全面建成。2013 年 9 月 13 日，在上海合作组织成员国元首理事会第 13 次会议上，中国国家主席习近平在题为《弘扬"上海精神"，促进共同发展》的发言中表示，中方将在上海政法学院设立"中国—上海合作组织国际司法交流合作培训基地"，愿意利用这一平台为其他成员国培养司法人才。"中国—上海合作组织国际司法交流合作培训基地"落户上海政法学院意义重大，是 1949 年以来上海首个地方高校直接服务国家整体外交战略的案例。

"中国—上海合作组织国际司法交流合作培训基地"主要服务于上海合作组织成员国的司法、执法部门官员，以及律师、反恐维稳界人士的业务交流。基地还担负国际合作研究，汇集上海乃至整个中国外交领域的资深专家，形成多元化、开放式的研究队伍，建设欧亚研究、上海合作组织研究及"丝绸之路经济带"等方面研究的理论和外交智库。设立"中国—上海合作组织国际司法交流合作培训基地"是中央从国际和国内两个大局战略需要出发做出的重要决策：一是可以成为上海合作组织外交建设新的着力点，二是可以成为推动长三角地区协同发展的新亮点，三是可以成为推动上海进一步改革开放、走向世界的发力点。

巾帼浙商的德隆电视台

十几年来,德隆电视台(Dolon TV)如一粒种子在吉尔吉斯斯坦生根发芽,如今已成长为该国第二大有线电视频道运营商,也是中亚地区最具影响力的海外华语电视播出平台之一。截至 2023 年,该台已开通了俄语、汉语、英语等语种共 150 多个频道,24 小时不间断地转播着中央电视台、省级卫视、凤凰卫视等 9 套节目。

"我们在吉尔吉斯斯坦很有名,但很多人还不知道它是由我们浙江企业家投资创办的。"台长张素兰经常这样笑着说道。早在 2004 年,张素兰和先生一起经营的浙江金华邮电工程有限公司已发展为通信网络集成领域的佼佼者。一个偶然的机会,她得知吉尔吉斯斯坦有创办电视台的机会,决心在这个陌生的国度闯出一片新的天地。张素兰顺利拿到了吉尔吉斯斯坦通信产业部颁发的有线电视、互联网、语音通信 3 个运营执照,租下了友谊宾馆 4 楼一整层作为电视台的办公室。

创办电视台投资巨大,回报周期长,资金成了张素兰遇到的第一个难题。10 余年间光硬件就投了 4 亿多元。当地办公家具太贵,只能尽量从国内运。直到今天,德隆电视台的一间办公室里,仍保存着最初她和家人从国内带来的办公桌。但比资金更让张素兰感受到压力的,是她肩负的文化"拓荒"重担。她最初调研当地最受欢迎的节目时,诧异地发现,中国境内竟然仅有 CCTV 上榜,并排在 100 位左右。张素兰感慨万分,彼时,无论是当地官方还是民间对中国都不了解,自然也不愿意主动收看中国节目。

电视台创办后,张素兰就想把 CCTV 引进来落地,可电视台的技术人员不同意。他们认为,当地人不会看中国电视节目,没有必要引进。张素兰的先生带着翻译给他们做解释劝导工作,花了一个多星期才说服技术人员接进中央电视台的一个台。最初,当地人因为缺乏渠道了解中国,一直以为中国很落后,从员工对自己的态度上,张素兰已感受到了这点。

德隆电视台有 100 多个员工,绝大部分都是当地人。由于中吉两国的文化差异,最初的几年在管理上她颇感头痛。她咬牙坚持,并尽量入乡随俗。德隆电视台的台名、台标都是在当地征集来的。"德隆"是当地一座有名的山,也是一位将军的名字,电视台以此为名,也是对当地文化的一种尊重。但是,由于语言、民族习惯不同,电视台刚创办时当地居民并不买账。为了把客户吸引过来,她想了很多办法来拉近与当地居民的距离,例如对老年人优惠,对军人免费,送生日祝福,等等。

经过几年的艰苦打拼,凭着浙江商人的执着和拼劲,德隆电视台渐渐在当地站稳了脚跟。如今的德隆电视台,作为五洲传播中心六十联盟之一,与国内主流媒体与国外数百家海外华语媒体都有着很好的互动与交流。

2017 年 8 月,德隆电视台的客服人员接到一个电话,一名当地市民希望电视台能转播中国的热播剧《甄嬛传》。没过多久,德隆电视台就播放了这部电视剧的俄文版,深受当地观众好评。这已经不是德隆电视台第一次接到类似的请求。在当地,《舌尖上的中国》《西游记》《少年师爷》等中国影视、动漫、纪录片作品,都获得了不少观众的好评,并时常收到再次播放请求。吉尔吉斯斯坦国民通过收看德隆电视台节目,了解了中国的历史,也更加尊重中国和中国人。

在德隆电视台,还有一项不成文的规定:工作优秀的员工,能获得免费到中国旅游的机会。十几年来,张素兰已经多次组织电视台员工到中国旅游,当地不少政府官员和工商界企业也应她之邀前往杭州、宁波、金华等地进行考察。旅游线路是张素兰精心设计的:第一站到新疆体会中国的地大物博;第二站到金华感受中国的公司文化;第三站到横店游览中国文化古城缩影;第四站到义乌国际小商品城感受中国经济的活力;第五站领略杭州的旖旎风光;第六站见证上海的繁华与国际化。回来后的员工,常常对中国赞不绝口。现在电视台不仅员工队伍稳定,不少人还被中国文化"圈粉"。公司员工阿伊达的女儿曾取得普通话考试第一名的好成绩并成为云南大学的留学生。

"一带一路"倡议提出后,中吉两国经贸关系也持续向好,不少浙江企业家开始把目光投向这片新市场。性格爽快又极热心的张素兰作为最早走出去的浙商之一,主动做起了"宣传员"。不少浙商来当地考察,都是通过她详细了解中亚地区的政策、市场、环境和风土民情,有效解决了企业"走出去"碰到的基础设施"硬联通"、投资环境"软发展"等一系列问题,这既使得一些国内企业的对外投资项目顺利落地,也为当地提供了众多就业岗位。位于比什凯克自由经济贸易区的唐顿企业有限公司就是在张素兰等在吉浙商的牵线下成功落户的。这个项目一开始就得到了吉各政府部门的大力支持。除了德隆电视台,张素兰一边在金华筹备成立德隆孵化园区,建立一个专门展示"一带一路"国家特色产品的进口商品馆,一边准备在比什凯克建立一个中国商品馆,用来推广展示中国文化和中国商品。她期待不仅在有线电视服务上,也在政策沟通、设施联通、贸易畅通、资金融通、民心相通方面能发挥出更大的作用,搭建好中国与吉尔吉斯斯坦的互通桥梁。

此外,吉尔吉斯斯坦还有不少其他中国企业,其中比较有名的浙江企业当数上峰 ZETH 水泥有限公司。占地 650 亩的浙江上峰建材吉尔吉斯斯坦水泥项目工地位于楚河州克明区十月村。5 个高耸的白色水泥罐和一个硕大的水泥均化库在一片苍茫的群山中格外醒目。浙江上峰建材董事长俞小峰表示,"一带一路"倡议是重大发展红利,充分利用这一重大发展红利,可促进上峰 ZETH 水泥未来的持续发展,也可以实现上峰 ZETH 水泥的"筑梦之旅"。上峰集团将国际一流的水泥工艺、技术、装备和管理带到海外,实现人与自然的和谐统一,既提升了所在国水泥工业整体水平,也为当地百姓创造了新的福祉。诸暨人俞九斤是上峰 ZETH 水泥主要负责人之一,他希望能利用优势产能走国际化合作的路子,在国际市场资源配置竞争中博得先机,赢得发展新机遇。未来,来自中国的上峰牌水泥将在这里生根、成长。

患难见真情：疫情下的中吉关系

　　2020 年以来，新型冠状病毒引发的肺炎疫情来势凶猛，席卷全球。新冠肺炎是近百年来人类遭遇的影响范围最广的全球性大流行病。口罩、护目镜、防护服、呼吸器等医疗用品一时告急。中国在第一时间与世界各国互相支援防疫物品，共享疫情最新情况和防疫经验。2020 年 3 月 20 日，中国与吉尔吉斯斯坦等欧亚和南亚地区 19 个国家共同举行新冠肺炎疫情防控问题视频会议，中国外交部、国家卫生健康委、海关总署、中国疾病预防控制中心、北京大学第一医院等部门和机构的高级别官员与专家，吉尔吉斯斯坦卫生部副部长伊萨科夫、国家传染病医院首席医师阿利耶夫，以及哈萨克斯坦、印度等国外交、卫生、检验检疫部门主管官员与医学防疫专家出席会议。

　　中方专家通过列举翔实数据与生动事例，全面介绍了中国国内新冠肺炎疫情最新情况、中方防控疫情的成功经验，以及筛查、确诊、治疗新冠肺炎患者的具体方法，强调中国境内疫情防控形势持续向好，中方将继续弘扬守望相助、同舟共济精神，与地区国家共同努力，共同维护全球公共卫生安全。吉方与会代表在发言中高度评价中方为阻止新冠肺炎疫情向全球蔓延做出的巨大贡献，并重点围绕新冠肺炎临床诊治及医护人员隔离防护等问题同中方专家进行深入探讨。会议持续 4 个小时，与会各方踊跃提问，现场氛围友好热烈。会后，吉方与会代表对中方组织本次视频会议致以诚挚谢意，指出此次会议为吉方开展疫情防控与患者救治工作提供了重要指导与参考,为吉方增添了信心。吉方愿进一步加强与中方在抗疫领域合作,争取早日迎来抗疫斗争的最终胜利。

2020年3月25日,在中国新疆维吾尔自治区政府的大力支持下,在中国驻吉尔吉斯斯坦大使馆的协助下,新疆维吾尔自治区克孜勒苏柯尔克孜自治州向吉援助的抗击新冠肺炎疫情物资在中吉边境吐尔尕特口岸交付,中方克孜勒苏柯尔克孜州及吉方纳伦州负责人共同签署交接证书。本次交付物资包括1万个KN94口罩、20万个医用口罩和1000件隔离衣,这只是中方向吉方援助的抗疫物资的一部分。在中国人民全力抗击疫情时,吉政府和人民一直坚定支持中方并向中方提供力所能及的帮助。吉国内疫情深深牵动着中国人民的心,中国政府、各省区市、社会各界及在吉中国公民紧急行动筹措物资,努力帮助吉方抗击疫情。

2020年3月23日,中国驻吉尔吉斯斯坦大使杜德文与吉副总理奥穆尔别科娃通电话,就中国新疆维吾尔自治区克孜勒苏柯尔克孜自治州政府拟向吉方提供医用外科口罩、防护服等医疗防护物资援助事宜进行沟通协商。杜德文大使对正在抗击新冠肺炎疫情的吉人民表示慰问和支持。奥穆尔别科娃感谢中方在吉人员在疫情防控的关键时期向吉方伸出援手,强调这充分体现了中国人民对吉人民的友好情谊。3月27日,杜德文大使看望在吉中国留学生和汉语教师代表并发放防疫"爱心包",叮嘱大家严格遵守吉各类防疫措施,切实做好个人防护,保持良好心态,团结互助,努力实现"零感染"。教师和留学生们备受鼓舞,感谢使馆及时送来防疫用品,表示小小"爱心包"承载着祖国对他们满满的关爱,增添了对在大使馆帮助和指导下平安在吉度过疫期的信心。4月23日,中国驻吉尔吉斯斯坦大使馆向在吉中国留学生和汉语教师代表发放防疫"健康包"。

疫情暴发以来,中国政府和各界持续向吉方提供大量抗疫物资援助,如中国国防部、中吉跨部门跨地区安全合作机制、中国驻吉尔吉斯斯坦大使馆、紫金矿业集团奥同克公司、广东省建筑装饰材料行业协会等大大小小的机构都向吉尔吉斯斯坦捐赠了病毒检测设备、护目镜、医用口罩、医用手套、防护服、办公设备等医疗器械及款项。

2020 年 7 月,首次"中国＋中亚五国"外长会晤在线上举行。中国驻吉尔吉斯斯坦大使杜德文表示,"中国＋中亚五国"外长会晤机制为中国同中亚国家加强合作搭建了新平台,提供了新思路,指明了新方向。"中国和中亚国家通过启动'中国＋中亚五国'外长会晤机制加强集体合作,顺应时代潮流,符合彼此利益,造福国际社会。中方将以此为契机,推动中国和中亚国家间的合作迈上新台阶,为地区发展繁荣开辟新未来。"

同年 9 月 13—14 日,中国国务委员兼外交部部长王毅对吉尔吉斯斯坦进行了正式访问,与吉总统热恩别科夫及吉外长艾达尔别科夫举行会谈。杜德文表示,这次访问充分彰显了中吉全面战略伙伴关系的高水平,将对推动中吉后疫情时期各领域合作发挥重要引领作用。就中吉合作抗疫,王毅表示,中方将继续坚定同吉尔吉斯斯坦人民站在一起直到彻底战胜疫情,并愿优先考虑吉方对中国疫苗的需要,同吉方开展疫苗、中医药研发合作。吉总统热恩别科夫、外长艾达尔别科夫感谢中方在吉抗击疫情最困难的时候伸出援手,提供物资和技术援助,派遣医疗专家。吉方表示,疫情进一步凸显了习近平主席提出的人类命运共同体理念的重大现实意义,希望继续同中方加强抗疫合作。10 月 4 日,吉尔吉斯斯坦计划举行议会选举。杜德文表示,在这一背景下,王毅部长的到访是中方对吉方的重大支持。"王毅国务委员兼外长重申,中方作为吉可信赖的好朋友,将坚定支持吉方走符合本国国情并得到人民支持的发展道路,坚定支持吉方维护主权独立、民族尊严和正当权益,坚决反对任何外部势力干涉吉内部事务。"

现阶段,中方正克服困难,积极协助中资企业人员返回吉尔吉斯斯坦复工复产。吉国内重要公路交通干线建设、农业灌溉系统改造及首都比什凯克市政路网改造等合作项目将持续推进。杜德文大使表示:"中吉双方要把因疫情失去的时间抢回来,加快推进两国各领域合作。"吉方表示愿全面参与共建"一带一路"合作,共同克服疫情对经济造成的不利影响,扩大两国在投资、能源、交通、农业、医疗等领域务实合作。

2021年3月19日,中国政府援助吉尔吉斯斯坦政府新冠疫苗运抵吉首都比什凯克。杜德文大使在疫苗交接仪式上的致辞中表示,新冠肺炎疫情暴发以来,中吉两国人民始终守望相助,携手抗疫,印证了两国"远亲不如近邻"的患难真情。在中国国内对新冠疫苗需求巨大的背景下,中方向吉方无偿援助疫苗充分彰显了中国政府和人民对吉政府和人民的深情厚谊,体现了中吉全面战略伙伴关系的高水平,希望并相信中国援吉疫苗将为吉抗击疫情、保障吉民众身体健康和生命安全发挥积极作用。杜德文大使强调,作为世界上最早成功研发疫苗的国家之一,中国积极开展国际疫苗合作,落实习近平主席关于把中国疫苗作为全球公共产品的重要宣示,努力为提高疫苗在发展中国家的可及性和可负担性做出中国贡献。中方愿与吉方继续并肩战"疫",推动构建中吉卫生健康共同体,深化中吉共建"一带一路"框架下各领域合作,造福两国人民。吉总理马里波夫代表吉政府感谢中国政府向吉方援助新冠疫苗,强调中国克服本国抗疫任务艰巨等困难,成为最早向吉提供抗疫援助的国家之一,中方向吉方援助疫苗再次生动诠释了吉中两国间的睦邻友好关系。中国疫苗在国际社会得到广泛认可,相信中方援吉疫苗将为吉抗击疫情提供巨大帮助。吉方愿与中方进一步加强抗疫合作,携手战胜疫情。

2021 年 7 月 11 日,第二批中国政府援助吉尔吉斯斯坦政府新冠疫苗运抵吉首都比什凯克。驻吉大使杜德文与吉总理马里波夫在机场共同出席疫苗交接仪式。吉卫生和社会发展部部长别伊舍纳利耶夫、副外长马德马罗夫以及中国大使馆李保杰公参、李越参赞等出席。杜德文大使在致辞中表示,新冠肺炎疫情发生以来,中吉双方始终并肩战斗、携手抗疫,两国传统友谊在抗疫合作中进一步深化。中方从中吉关系高水平出发,再次向吉方援助 15 万剂新冠疫苗,并积极协助吉方采购110 万剂中国国产疫苗。希望并相信中方援吉疫苗将为吉抗击疫情、保护人民生命安全和身体健康提供帮助。杜德文大使强调,中国高度重视开展国际疫苗合作,坚决反对“疫苗民族主义”,已向近 100 个国家提供了超过 4.5 亿剂疫苗,为实现新冠疫苗可及性和可负担性做出积极贡献。马里波夫代表吉总统扎帕罗夫感谢中国政府再次向吉方援助新冠疫苗并为吉政府采购 110 万剂疫苗提供大力支持。他说,疫情发生以来,中方持续为吉抗击疫情提供援助,吉方深受感动并对中方表示衷心感谢。马里波夫表示,相信此次中方交付的 125 万剂新冠疫苗将为吉抗击疫情、推动国内疫苗接种工作提供巨大帮助。吉方愿与中方一道携手战胜疫情,深化两国友好关系和各领域合作。7 月 13 日,吉尔吉斯斯坦国内开始大规模接种新冠疫苗。其国家指挥部公布了位于比什凯克的疫苗免费接种点。疫苗由中国国药集团提供。比什凯克市政府消息称,任何有意愿者,可持护照前往接种点接种疫苗。比什凯克市健康促进中心工作人员也参与其中,他们对市民进行解释性工作,同时发放信息手册,为缓解市民情绪,在接种现场还邀请了当地歌手进行表演。

中吉两国自建交以来,双方政治互信持续巩固,经贸、人文等领域的务实合作全面推进,安全合作不断拓展和深化,两国关系始终保持健康稳定发展势头。吉尔吉斯斯坦是最早支持并积极参与"一带一路"倡议的国家之一。吉各界视共建"一带一路"为谋合作、促发展的新机遇,推动中吉友好合作取得更多成果、惠及两国人民。双方将认真落实两国领导人达成的重要共识,以共建"一带一路"为契机,全面推进两国各领域互利合作。

首先,进一步推动贸易畅通。近几年中国一直是吉尔吉斯斯坦第一大贸易伙伴,吉当地商店中随处可见来自中国的商品。而吉尔吉斯斯坦的蜂蜜、水果、乳制品等产品也开始走进中国百姓家。双方将共同努力,为两国经贸合作提质增效创造更有利条件。

其次,加快重点合作项目落实。在中方支持下,吉尔吉斯斯坦一批重点项目正在积极推进中,如比什凯克市政路网改造、农业灌溉系统改造等项目。这些项目不仅有利于进一步促进吉改善民生,也有助于吉提升发展潜力。双方将加强沟通,努力打造中吉共建"一带一路"合作新亮点。

再次,积极推动地方合作。中吉毗邻而居,地方合作潜力巨大。吉方将促进地方发展确定为重要发展目标。双方将以落实两国政府关于两国毗邻地区合作规划纲要为抓手,全面促进两国地方加强交流与合作。

最后,多措并举促进两国民心相通。国之交在于民相亲,中吉世代友好是民心所向、大势所趋。双方将进一步夯实两国长期友好的社会和民意基础。

　　安全合作是中吉关系的重要组成部分。在安全领域,中吉休戚与共,肩负着维护地区和平、安全、稳定的共同责任。多年来,两国执法安全部门开展了卓有成效的合作。双方在情报交流、联合执法以及打击"三股势力"、毒品走私、跨国有组织犯罪等方面的合作不断深化。人文交流是中吉关系中十分活跃的领域,对增进两国人民之间的相互了解和传统友谊、推动民心相通发挥着独特重要作用。相信中吉关系将迈上新台阶,迎来更加美好的明天。

参考文献

中文文献

[1] 刘庚岑,徐小云. 吉尔吉斯斯坦[M]. 北京:社会科学文献出版社,2005.

[2] 巴透尔德. 七河史[M]. 赵俪生,译. 北京:中国国际广播出版社,2013.

[3] 列夫申. 吉尔吉斯—哈萨克各帐及各草原的述叙(摘译)[M]. 新疆维吾尔自治区民族研究所,译. 乌鲁木齐:新疆维吾尔自治区民族研究所,1975.

[4] 鲁保罗. 西域的历史与文明[M]. 耿昇,译. 北京:人民出版社,2012.

[5] 藤田丰八. 西域研究[M]. 杨炼,译. 太原:山西人民出版社,2015.

[6] 胡振华. 中亚五国志[M]. 北京:中央民族大学出版社,2006.

[7] 张宁,李雪,李昕骅. 吉尔吉斯斯坦独立后的政治经济发展[M]. 上海:上海大学出版社,2013.

[8] 全国人大常委会办公厅外事局. 外国议会简介[M]. 北京:中国民主法制出版社,2010.

[9] 王国杰. 东干族形成发展史:中亚陕甘回族移民研究[M]. 西安:陕西人民出版社,1997.

[10] 马大正,冯锡时. 中亚五国史纲[M]. 乌鲁木齐:新疆人民

出版社,2000.

[11] 张宁. 吉尔吉斯斯坦能源简介[J]. 国土资源情报,2010
(1):30-36.

[12] 袁胜育,汪伟民. 丝绸之路经济带与中国的中亚政策[J].
世界经济与政治,2015(5):21-41,156-157.

[13] 赵毅. 俄美博弈下的吉尔吉斯斯坦:兼析吉尔吉斯斯坦的
平衡外交政策[J]. 江南社会学院学报,2013,15(2):
48-51.

[14] 程云洁. 中国与吉尔吉斯斯坦经贸合作的制约因素分析
[J]. 新疆财经,2014(2):58-64.

[15] 王海燕. 吉尔吉斯斯坦经济发展模式选择与策略[J]. 俄
罗斯中亚东欧市场, 2008(4):29-36.

[16] 买玉华,孙晋斐. 吉尔吉斯斯坦[M]. 乌鲁木齐:新疆人民
出版社,2008.

[17] 姜振军,王彩霞,常玮娜. "一带一路"国别概况:吉尔吉斯
斯坦[M]. 大连:大连海事大学出版社,2018.

[18] 张宏莉. 后苏联空间国家概况[M]. 兰州:兰州大学出版
社,2019.

[19] 陈之骅. 苏联史纲(1917—1937)上、下[M]. 北京:人民出
版社,1991.

[20] 普罗霍罗夫. 苏联百科词典[M]. 丁祖永,等译. 北京:中
国大百科全书出版社,1986.

[21] 王沛. 中亚四国概况[M]. 乌鲁木齐:新疆人民出版
社,1993.

俄文文献

[1] БЕРДЯЕВ Н. Судьба России[M]. Москва: ЭКСМО, 2007.

[2] КЫРГЫЗСТАН. Энциклопедия[M]. Бишкек: Центр гос.

яз. и энцикл. , 2001.

[3] АСАНКОВ А А, БРУСИНА О И, ЖАПАРОВ А З. Кыргызы[M]. М. : Наука, 2016.

[4] КАДЫРОВ В В. Кыргызстан: Озеро Иссык-Куль- емчужина Тянь-Шаня[M]. Бишкек: Раритет, 2009.

[5] ЖУКОВ Е М. Советская историческая энциклопедия [M]. Москва: Советская энциклопедия, 1976.